Coleção
Eu gosto m@is

ENSINO FUNDAMENTAL

GEOGRAFIA
9º ano

1ª EDIÇÃO
SÃO PAULO
2012

IBEP

Coleção Eu Gosto Mais
Geografia – 9º ano
© IBEP, 2012

Diretor superintendente	Jorge Yunes
Gerente editorial	Célia de Assis
Editora	Silvia Ricardo
Assistente editorial	Renata Regina Buset
	Felipe Roman
	Erika Domingues do Nascimento
Texto-base	Amarildo Diniz
Revisão	André Tadashi Odashima
	Berenice Baeder
	Luiz Gustavo Bazana
	Maria Inez de Souza
Coordenadora de arte	Karina Monteiro
Assistente de arte	Marilia Vilela
	Tomás Troppmair
Coordenadora de iconografia	Maria do Céu Pires Passuello
Assistente de iconografia	Adriana Correia
	Wilson de Castilho
Ilustrações	Daniel Ramos
Cartografia	Mario Yoshida
	Maps World
	Conexão Editorial - Equipe
Produção editorial	Paula Calviello
Produção gráfica	José Antonio Ferraz
Assistente de produção gráfica	Eliane M. M. Ferreira
Projeto gráfico e capa	Departamento Arte Ibep
Editoração eletrônica	Conexão Editorial - Equipe

CIP-BRASIL. CATALOGAÇÃO-NA-FONTE
SINDICATO NACIONAL DOS EDITORES DE LIVROS, RJ

D61g

Diniz, Amarildo
    Geografia, 9º ano / Amarildo Diniz. - 1.ed. - São Paulo : IBEP, 2012.
      il. ; 28 cm   (Eu gosto mais)

    ISBN 978-85-342-3439-9 (aluno) - 978-85-342-3443-6 (mestre)

    1. Geografia - Estudo e ensino (Ensino fundamental). I. Título. II. Série.

12-6438.   CDD: 372.891
                CDU: 373.3.016:9

05.09.12   19.09.12   038842

1ª edição – São Paulo – 2012
Todos os direitos reservados

IBEP

Av. Alexandre Mackenzie, 619 - Jaguaré
São Paulo - SP - 05322-000 - Brasil - Tel.: (11) 2799-7799
www.editoraibep.com.br   editoras@ibep-nacional.com.br

Apresentação

Estudar Geografia nos possibilita compreender o espaço em que vivemos e perceber as transformações que ocorrem ao nosso redor.

O conhecimento geográfico é importante para a formação e o desenvolvimento de uma sociedade melhor!

Nesta coleção, você estudará o espaço geográfico, suas características físicas, socioeconômicas e culturais. Vai estudar também as intervenções que a sociedade exerce sobre a natureza e como as nossas atitudes podem influenciar o lugar onde vivemos.

Bom estudo!

Sumário

Capítulo 1 – Estados Unidos da América e Canadá 9

As maneiras de dividir a América 10

Natureza e devastação nos Estados Unidos e Canadá 12

    As unidades de relevo.. 12

    Clima e vegetação.. 13

A América rica 16

O Canadá 17

    Um país com excelente padrão de vida... 17

    Uma das maiores economias do mundo... 18

    Diversidade cultural e separatismo em Quebec 19

    Atividades 20

Os Estados Unidos 22

    A nação mais poderosa do mundo... 22

    O Nordeste: concentração urbana, industrial e financeira 24

    Descentralização industrial e setores de alta tecnologia................................... 25

    Problemas sociais: desigualdade, preconceito racial e criminalidade 27

    Atividades 29

Capítulo 2 – América Latina e Caribe 32

A América Latina e o Caribe... 33

México 34

    Aspectos básicos e uso do solo 34

    População... 35

    Economia e urbanização 35

    Atividades 37

América Central 39

    Aspectos naturais.. 39

    Agricultura comercial para exportação 40

Os polos turísticos do Caribe 40

Os paraísos fiscais 40

O Canal do Panamá 41

Cuba 42

Atividades 44

América do Sul 45

As unidades de relevo 45

Clima e vegetação 45

Venezuela: petróleo, desigualdade e instabilidade 48

Colômbia: narcotráfico, guerrilhas e violência 48

Equador e Peru 49

Bolívia e Paraguai 50

Chile e Uruguai 51

A Argentina 52

Atividades 54

Capítulo 3 – Continente europeu: aspectos físicos e problemas ambientais 58

A Ocupação do espaço europeu e o meio ambiente 59

Relevo 60

Litoral 61

Rios 61

Europa: clima e ecologia 63

Domínio subpolar (Tundra) 64

Domínio temperado continental (Taiga) 64

Domínio temperado oceânico (Floresta Temperada) 64

Domínio mediterrâneo 65

O desastre no Mar de Aral 65

Atividades 67

Capítulo 4 – A Europa Ocidental: rica e desenvolvida 73

Europa Ocidental e União Europeia 74

- Reino Unido 75
- Irlanda 76
- Alemanha 77
- França 79
- Itália 80
- Países Nórdicos 81
- Países Baixos 82
- Portugal, Espanha e Grécia 83
- Atividades 84

Capítulo 5 – Nações do Leste Europeu e da Ásia Central, Rússia e Cáucaso 88

Do socialismo para o capitalismo 89

Nações do Leste Europeu 90

- Polônia 90
- República Checa e Eslováquia 90
- Hungria 91
- Bulgária 91
- Romênia 92
- Albânia 92
- Kosovo 93
- Ucrânia 94

Países Bálticos 95

Países do Cáucaso 96

Federação Russa 97

- Chechênia e Daguestão: separatismo e terrorismo 99
- Atividades 101

Capítulo 6 – África: aspectos físicos e problemas ambientais 106

Posição geográfica 107

Relevo 108

A importância dos rios 109

Clima, vegetação e fauna 110

Problemas ambientais da África 112

    Atividades 113

O imperialismo europeu na África 118

População e indicadores sociais 119

Diversidade cultural e religiosa 120

Economia africana 121

    Monoculturas de exportação e fome 121

    Recursos minerais, petróleo e indústria 122

Fronteiras artificiais, diversidade étnica e conflitos 123

    Região do Magreb 125

    Egito 125

    Sudão 126

    Nigéria 127

    África do Sul 127

    Atividades 129

Capítulo 7 – Ásia: um continente com grande diversidade natural, cultural e econômica 134

O maior e o mais populoso dos continentes 135

O relevo e a distribuição da população 136

Climas e ecossistemas 137

A questão da água no Oriente Médio 140

    Atividades 141

Oriente Médio: uma região de conflitos 146

    Petróleo, prosperidade, desigualdade e pobreza 146

    A política no Oriente Médio 147

    Irã 148

    Afeganistão 148

Iraque	149
Atividades	152
Japão	**156**
Características gerais	156
Economia japonesa	157
Atividades	160
Tigres Asiáticos	**161**
Indonésia	**162**
Atividades	163
Sul da Ásia	**164**
Índia: potência econômica emergente	164
Os conflitos no sul da Ásia	166
Demais nações asiáticas	166
Atividades	167
China	**168**
Aspectos gerais	168
O extraordinário crescimento econômico chinês	169
Autoritarismo político e direitos humanos	171
Diversidade étnica	171
Controle da natalidade	172
O futuro de Taiwan	172
Atividades	173

Capítulo 8 – Oceania: Austrália, Nova Zelândia e pequenas ilhas 178

Oceania	**179**
Austrália	**179**
Nova Zelândia	**181**
Papua Nova Guiné e países do Pacífico	**181**
Atividades	183

Capítulo 1
Estados Unidos da América e Canadá

Os Estados Unidos estão muito presentes em nossas vidas. É a maior potência da atualidade. Vamos conhecer esse país e o Canadá!

Vale do Silício, Califórnia, Estados Unidos.

As maneiras de dividir a América

O imenso continente americano apresenta 42 milhões de km², perdendo em área apenas para a Ásia. Está localizado totalmente na porção ocidental da Terra, isto é, a oeste do meridiano de Greenwich. É mais extenso no sentido norte-sul, sendo atravessado pela linha do Equador, pelos trópicos de Câncer e de Capricórnio e ao norte pelo Círculo Polar Ártico.

Do ponto de vista físico, esse continente pode ser dividido em três porções ou subcontinentes: a América do Norte, composta por três grandes países, Canadá, Estados Unidos e México; a América Central, formada por dezenas de pequenos países; e a América do Sul, da qual faz parte o Brasil.

Fonte: IBGE. *Altas Geográfico Escolar*. Rio de Janeiro: IBGE, 2009.

Entretanto, levando em consideração as grandes diferenças de qualidade de vida verificada entre as populações dos países americanos, foi estabelecida uma outra divisão, em duas porções: América rica ou desenvolvida (EUA e Canadá) e América pobre ou subdesenvolvida (México, países da América Central e países da América do Sul).

América – divisão política

Fonte: IBGE. *Atlas Geográfico Escolar*. Rio de Janeiro: IBGE, 2009.

Natureza e devastação nos Estados Unidos e Canadá

A América rica é privilegiada quanto aos recursos naturais. A diversidade desses recursos foi um fator importante no desenvolvimento econômico dos Estados Unidos e do Canadá. Podem-se citar os abundantes recursos minerais e energéticos, a vastidão dos rios navegáveis, como o Mississípi e o São Lourenço, além dos solos férteis das pradarias centrais.

As unidades de relevo

De modo geral, os Estados Unidos e o Canadá apresentam características semelhantes quanto à disposição e aos tipos gerais de relevo. Existem três tipos básicos: a leste, após o oceano Atlântico e as planícies costeiras, ocorrem planaltos com colinas e montanhas. Esses planaltos são antigos e sofreram com o desgaste provocado pela erosão.

No Canadá, destaca-se o Planalto Laurenciano (canadense), localizado na Península do Labrador, cuja origem data da era pré-cambriana, ou seja, mais de 600 milhões de anos atrás. Nos Estados Unidos, há os Montes Apalaches, formados por terrenos dobrados antigos, com origem há mais de 300 milhões de anos (era paleozoica).

Na porção central dos Estados Unidos e do Canadá dominam planaltos baixos e planícies centrais. São de formação sedimentar mais recente, estando associados a imensos rios e lagos. Nos Estados Unidos, essas áreas são cortadas por uma grande rede de rios comandada pelo Mississípi, o mais extenso da América do Norte.

Na porção central, destacam-se os grandes lagos de origem glacial, muitos resultantes do degelo de imensas geleiras que existiram no passado remoto, há cerca de treze mil anos. Na fronteira entre Estados Unidos e Canadá se localizam os lagos Superior, Michigan, Huron, Erie e Ontário. Exclusivos do território canadense são os lagos Winnipeg, Athabasca, Grande Lago do Escravo e Grande Lago do Urso.

A porção oeste dos dois países é dominada por planaltos e montanhas elevadas. Nesse conjunto, sobressaem as Montanhas Rochosas, geradas a partir de terrenos dobrados mais jovens, isto é, com origem a partir de 40 milhões de anos atrás (era cenozoica, período terciário). Nas Rochosas, alguns alinhamentos montanhosos recebem denominações específicas, como a Serra Nevada, a Cadeia da Cascata e a Cadeia da Costa, esta última situada nas proximidades do oceano Pacífico. Como a formação das Rochosas é mais recente, essas montanhas estão menos desgastadas pela erosão e apresentam maiores altitudes, por vezes, com elevações superiores a 3 000 metros.

Montanhas Rochosas com floresta de coníferas nos Estados Unidos.

Entremeados aos alinhamentos montanhosos ocorrem planaltos interiores e secos, como o Planalto da Grande Bacia e o Planalto do Colorado. Esses planaltos estão estruturados em grandes bacias sedimentares. Nessa área, a ação erosiva do vento e dos rios é implacável. Alguns rios, como o Colorado, escavam em profundidade as camadas sedimentares dando origem ao famoso Grande Cânion.

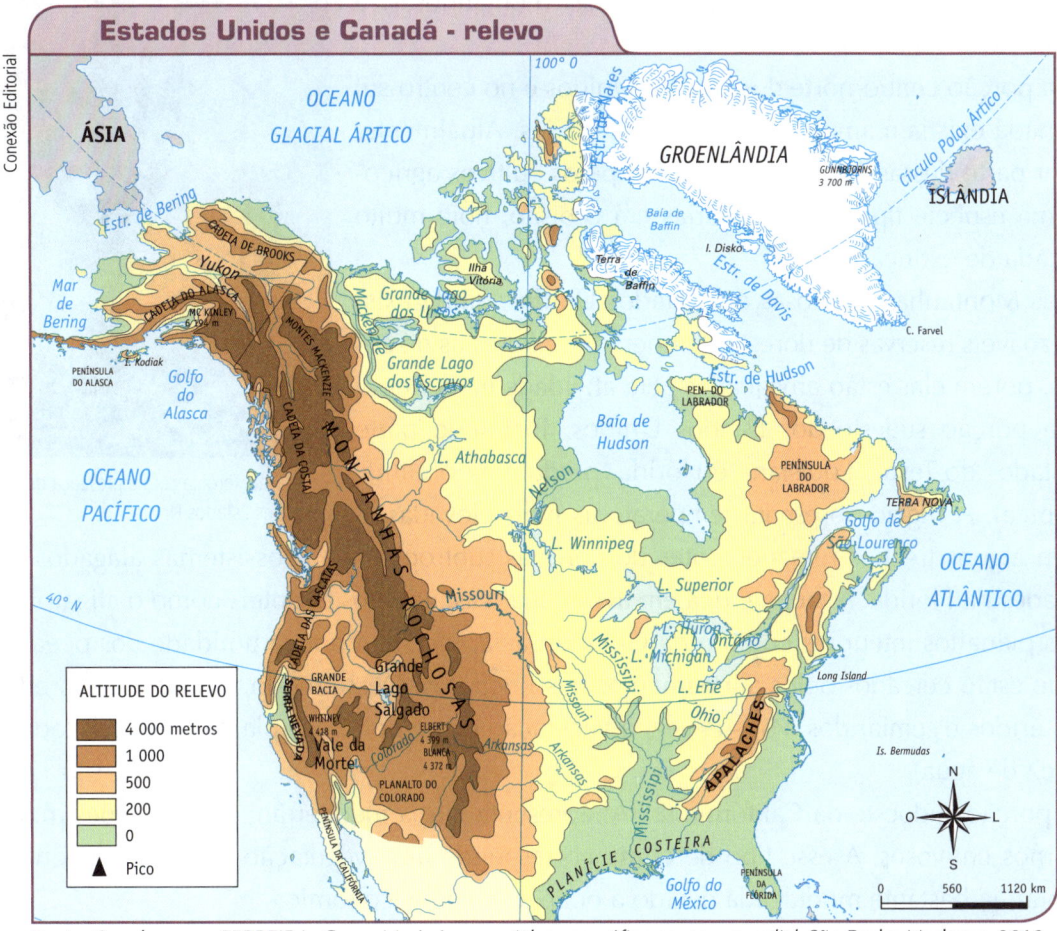

Estados Unidos e Canadá - relevo

Fonte: Com base em FERREIRA, Graça Maria Lemos. *Atlas geográfico espaço mundial*. São Paulo: Moderna, 2010.

Clima e vegetação

Os Estados Unidos e o Canadá apresentam extraordinária diversidade climática e ecológica. Nas imediações do Círculo Polar Ártico, extremo norte canadense, predomina o clima subpolar, muito frio. Predominam as geleiras e o ecossistema da tundra, composto por musgos e líquens, vegetais primitivos que conseguem suportar baixas temperaturas. Nessa área, o solo é pobre e fica congelado a maior parte do ano. A fauna é representada por ursos polares, focas e baleias.

Na porção central predomina o clima temperado, mais úmido nas proximidades dos oceanos e mais seco nas porções interiores. No Canadá, destaca-se uma grande floresta de coníferas (floresta boreal ou taiga), composta por pinheiros e espécies similares. Apesar da exploração de madeira, essa floresta está conservada em sua maior parte. Entre os animais típicos, destacam-se o urso pardo e o alce.

Nas Montanhas Rochosas da Califórnia (EUA) existem florestas com coníferas gigantes, as sequoias. Elas são as árvores mais altas do mundo e são protegidas em reservas ecológicas.

Outrora, a porção leste dos Estados Unidos era repleta por grandes florestas temperadas, cujas espécies perdem as folhas (decíduas ou caducifólias) no outono e no inverno. Infelizmente, essas florestas foram quase totalmente devastadas, estando hoje restritas a reservas ecológicas em áreas montanhosas, a exemplo dos Montes Apalaches.

Na porção centro-norte dos Estados Unidos e no centro-sul do Canadá existiam amplos campos ou pradarias. Atualmente, a maior parte dessas áreas foi substituída pelos cultivos agrícolas. Uma espécie típica das pradarias era o bisão, hoje muito ameaçada de extinção.

Nas Montanhas Rochosas dos Estados Unidos, ainda existem razoáveis reservas de florestas temperadas e florestas de coníferas, porém elas estão ameaçadas pela atividade madeireira.

Na porção sudeste dos Estados Unidos, incluindo parte dos estados do Texas, Louisiana e Flórida, predomina o clima subtropical. A região apresenta temperaturas mais elevadas e existem alguns trechos remanescentes de florestas subtropicais e ecossistemas alagados como os Everglades na Flórida. A fauna é rica em aves aquáticas, anfíbios e répteis como o aligátor.

Vegetação xerófila com a presença de cactáceas no oeste dos Estados Unidos.

Os planaltos interiores como o da Grande Bacia, recebem pouca umidade dos oceanos, uma vez que estão cercados pelos alinhamentos das Rochosas. Desse modo, nessas áreas predominam climas áridos e semiáridos. Por sua vez, a vegetação é composta por plantas xerófilas (adaptadas à escassez de água).

A porção sudoeste da Califórnia (EUA) apresenta clima mediterrâneo com verões muito secos e invernos chuvosos. A esse tipo de clima corresponde uma vegetação arbustiva denominada de chaparral, já bastante modificada devido a ocupação socioeconômica.

Você sabia?

Desmatamento no Canadá pode criar "bomba de carbono"

A floresta boreal canadense ocupa uma gigantesca extensão, de 5,45 milhões de quilômetros quadrados, 53% da superfície total do país.

O relatório divulgado hoje pela organização ambientalista também adverte de que as consequências da destruição desta vegetação seriam grandes, já que poderia provocar a emissão de 186 bilhões de toneladas de dióxido de carbono.

Esta quantidade, que é 27 vezes superior às emissões mundiais de CO_2 geradas a cada ano pela queima de combustíveis fósseis, está armazenada em árvores e, principalmente, no solo sobre o qual crescem as florestas boreais.

Segundo Elizabeth Nelson, pesquisadora da Universidade de Toronto e coautora do relatório, "mais de dois terços do carbono (83%) armazenado na floresta boreal estão no solo".

Nelson acrescentou que, "quando a cobertura florestal é retirada, o solo se deteriora e emite dióxido de carbono adicional durante meses, anos e mesmo décadas".

Hoje em dia, todos os anos, as madeireiras cortam nove mil quilômetros quadrados de floresta boreal, incluídos 68 quilômetros quadrados para a construção de estradas e outras instalações necessárias para a exploração destes recursos.

Mas, segundo o Greenpeace, aproximadamente 36 milhões de toneladas de dióxido de carbono são liberados ao ano pela poda desta superfície, mais do que é emitido por todos os carros em circulação no país. Christy Ferguson, porta-voz do Greenpeace, declarou à Agência Efe que, apesar de estudos como este, as autoridades canadenses defendem que a exploração da floresta boreal tem consequências positivas para a mudança climática.

"Os Governos canadenses, tanto em nível federal como provincial, e o setor dos produtos florestais estão promovendo uma visão totalmente falsa dos efeitos da poda de árvores no meio ambiente", disse Ferguson. No ano passado, o Ministério de Recursos Naturais do Canadá emitiu um relatório no qual indica que praticamente todo o carbono armazenado nas árvores e no solo da floresta boreal permanece retido na madeira e no chão após sua poda, o que não teria grande influência na mudança climática.

O relatório afirma que "as práticas de gestão florestal não representam emissões substanciais".

"Estão errados. Quando se estuda todos os dados científicos, praticamente todos os aspectos de seu argumento se revelam falsos", acrescentou Ferguson.

O Greenpeace também aponta que entre 1970 e 1990 dobrou a área de floresta boreal afetada por incêndios florestais, o que está aumentando a quantidade de dióxido de carbono emitido à atmosfera a cada ano.

O relatório revela que, atualmente, a cada ano são perdidos em incêndios florestais 76 mil quilômetros quadrados de floresta boreal.

Há anos, o Greenpeace faz campanhas periódicas contra as empresas que estão explorando a floresta boreal, como a multinacional americana Kimberly-Clark, que produz a popular marca de lenços de papel Kleenex.

A organização ambientalista denuncia que a imensa maioria das árvores cortadas da floresta boreal canadense, um ecossistema que é considerado uma das últimas grandes florestas intocadas e que evoluiu há 10 mil anos, são produtos descartáveis.

"A maioria são kleenex, papel de jornal, papel higiênico, publicidade impressa, papel de revistas", afirmou Ferguson.

Disponível em: <http://www.folha.uol.com.br/folha/ambiente/ult10007u391331.shtml>. Acesso em: jul. 2012.

A fúria dos tornados

Os baixos planaltos e planícies centrais dos Estados Unidos se localizam entre as Montanhas Rochosas (oeste) e as Montanhas Apalaches (leste), configurando um imenso corredor para a penetração das massas de ar.

No inverno, predominam as massas frias oriundas das regiões polares, enquanto no verão dominam as massas quentes vindas da faixa intertropical. Na porção centro-sul, o encontro dessas massas de ar com substanciais diferenças de pressão e temperatura, gera tempestades e intensos ventos ciclônicos denominados tornados.

Os tornados se formam em áreas com pressão atmosférica muito baixa, isto é, receptoras de ventos das áreas vizinhas. Seus efeitos são devastadores, causando graves prejuízos materiais e perda de vidas humanas.

Aspecto de um tornado na região das planícies centrais dos Estados Unidos.

A América rica

A América desenvolvida também é chamada de América Anglo-saxônica, sendo formada por apenas dois países de grande extensão territorial, o Canadá e os Estados Unidos. Ambos constituem área de dominância do cristianismo protestante e da língua inglesa.

A colonização dos Estados Unidos e do Canadá foi majoritariamente britânica. Em razão de severas dificuldades sociais, econômicas e religiosas, levas de migrantes saíram da Europa em direção à América, no intuito de construir um "novo mundo". Efetivou-se uma colonização de povoamento a partir do século XVI, concentrada na costa nordeste dos Estados Unidos, por ingleses protestantes. A colonização dos Estados Unidos aconteceu na porção leste com o estabelecimento de 13 colônias, como podemos observar no mapa ao lado.

Já na bacia do rio São Lourenço, no atual Canadá, houve a colonização por franceses católicos. Na porção sul dos Estados Unidos foi realizada uma colonização de exploração, semelhante à das colônias latinas e caribenhas, pois era baseada na mão de obra escrava, na grande propriedade e na monocultura do algodão.

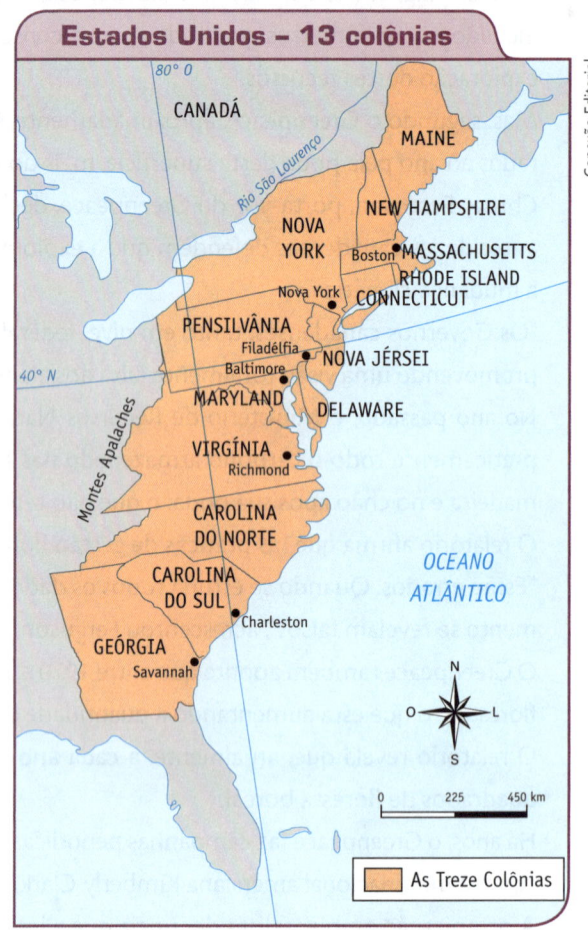

Fonte: Com base em IBGE. *Atlas Geográfico Escolar*. Rio de Janeiro: IBGE, 2009.

Nas colônias de povoamento, o dia a dia da economia era caracterizado por uma razoável autonomia em relação à Inglaterra, a metrópole colonial.

A produção econômica não se voltava apenas para satisfazer às necessidades da metrópole, uma vez que se destinava, em grande parte, para o abastecimento da população local. Desde o início, ocorreu um incentivo para a produção de manufaturados, com o objetivo de minimizar a dependência em relação às importações inglesas. Desse modo, houve valorização do mercado consumidor interno.

Após a independência, a predominância da colonização de povoamento impulsionou os Estados Unidos e o Canadá a se tornarem países capitalistas desenvolvidos. Especialmente a partir do século XIX, esses países atravessaram um intenso processo de industrialização.

Na atualidade, Estados Unidos e Canadá são nações desenvolvidas, visto que a maior parte de suas populações apresentam boa qualidade de vida. Nesses países, a democracia política está mais consolidada com a participação mais ativa de suas populações nas decisões políticas. As economias estadunidense e canadense são industrializadas, diversificadas e tecnologicamente sofisticadas.

Nos países da América Anglo-saxônica, a maioria da população é de classe média. Na foto, típico bairro de subúrbio nos Estados Unidos.

O Canadá

Um país com excelente padrão de vida

Segundo a ONU (Organização das Nações Unidas), o Canadá é um país cuja maioria da população apresenta excelente padrão de vida. Os índices de escolaridade são impressionantes, cerca de 93% dos canadenses já concluíram o Ensino Médio e 62% já cursaram faculdade ou universidade.

A população absoluta do Canadá é de 33,5 milhões de habitantes que se distribuem pelo 2º maior território nacional do planeta, exatamente 9 970 610 km². Fazendo o cálculo da densidade demográfica, o país apresenta apenas 3,3 habitantes por km², sendo pouco povoado.

O Canadá é um país composto de diversos grupos étnicos, acolhendo diversas culturas, línguas, religiões e costumes. Habitam o território descendentes de britânicos (ingleses, escoceses e irlandeses), franceses, asiáticos, negros e povos indígenas.

O norte do país (territórios de Yucon, Noroeste e Nunavut) é a região menos povoada, pois o clima é muito frio, dificultando a ocupação humana e o desenvolvimento das atividades econômicas. A maior parte da população está concentrada no sul junto à fronteira com os Estados Unidos. A porção sudeste, integrada pelas províncias de Quebec e Ontário, concentra a maior parte da população, centros urbanos e atividades industriais. Essa área localiza-se junto aos Grandes Lagos e à bacia do rio São Lourenço, as principais hidrovias para escoamento de mercadorias até o oceano Atlântico.

Canadá – indicadores sociais	
Crescimento da população (% a cada ano)	0,9
População urbana (% da população)	80,4
Alfabetização (% acima de 15 anos de idade)	99,0
Expectativa de vida (em anos)	80,4
Mortalidade infantil (em cada mil nascidos até 1 ano de idade)	4,8
Acesso a rede de esgotos (% dos domicílios)	100,0
Número de computadores pessoas (a cada 100 habitantes)	87,3

Fonte: IBGE.

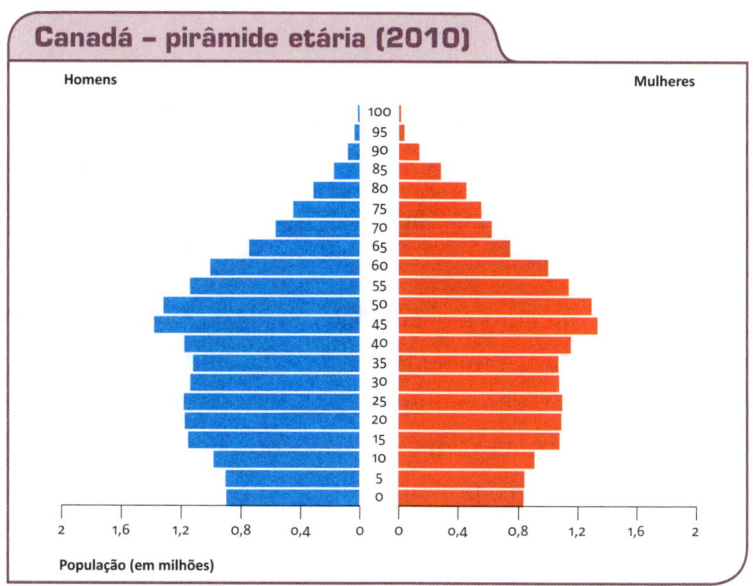

Canadá – pirâmide etária (2010)

Fonte: US. Census Bureau.

Toronto é a principal metrópole canadense, com população de 4,2 milhões de habitantes. Constitui o centro financeiro, industrial e com excelentes serviços públicos e privados. Outras cidades importantes são Ottawa (capital política), Hamilton, Quebec, Montreal, Winnipeg, Calgary, Edmonton e Vancouver.

Uma das maiores economias do mundo

O Canadá apresenta uma economia industrializada e bastante diversificada. O clima frio do norte limita a expansão das atividades agrárias. Mesmo assim, o país apresenta uma agricultura produtiva e mecanizada com destaque para produtos de clima temperado. O país é grande produtor de trigo, cultivado na porção centro-sul, a região anteriormente recoberta por pradarias. A atividade pesqueira é desenvolvida no litoral e nos oceanos Atlântico e Pacífico.

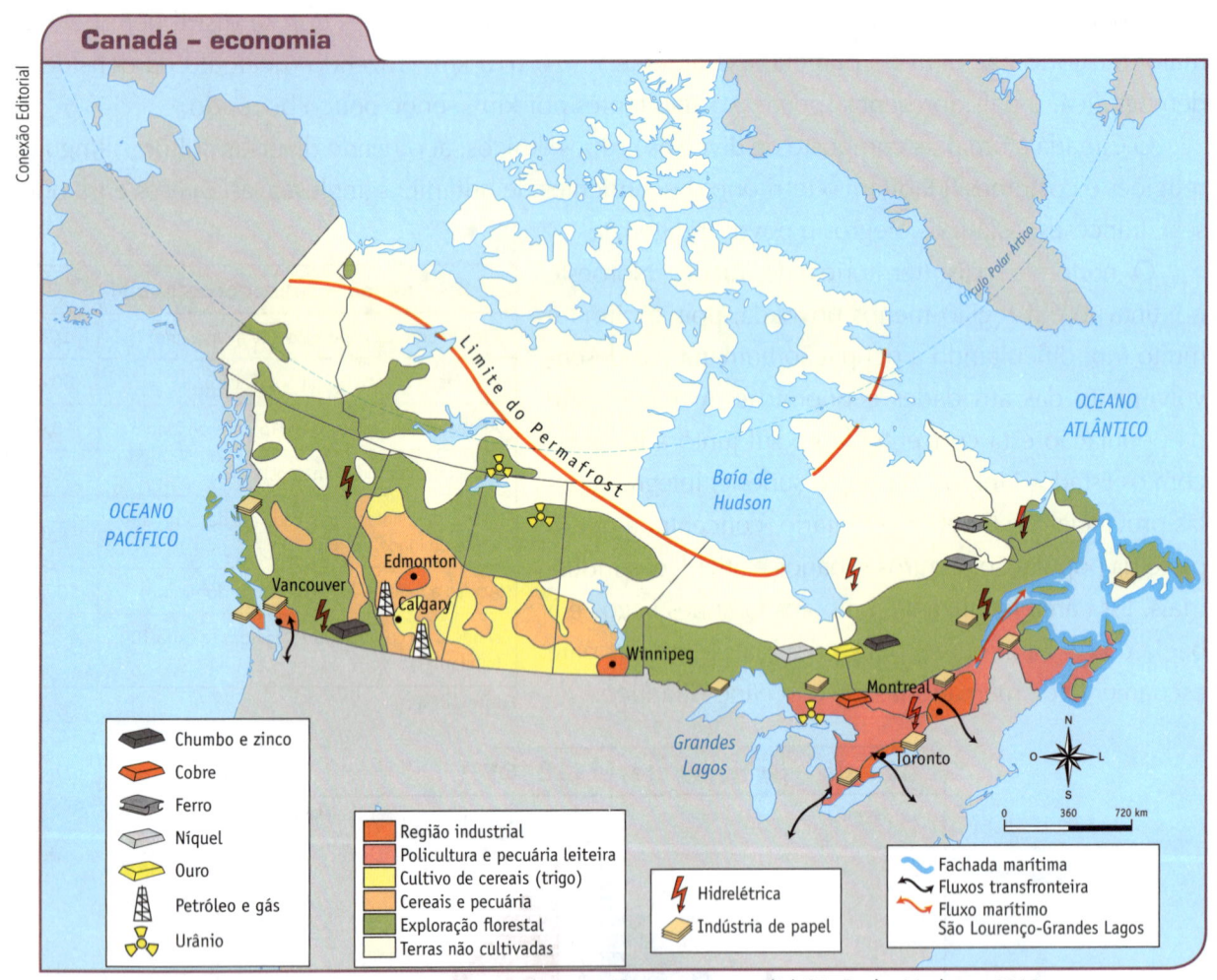

Fonte: Com base em FERREIRA, Graça Maria Lemos. *Atlas geográfico espaço mundial*. São Paulo: Moderna, 2010.

O país é rico em recursos minerais e energéticos, sendo grande exportador desses recursos para diversos países do mundo. A riqueza mineral é representada por expressivas reservas de ferro, carvão mineral, petróleo, gás natural, zinco, níquel, bauxita, urânio, cobre, titânio, potassa e gipsita.

A indústria é diversificada e conta com expressiva inovação tecnológica. O país é líder mundial na exportação de derivados florestais, principalmente na produção de celulose e papel. A matéria-prima básica provém da floresta de coníferas canadense. Outros setores importantes são o de aviões de médio porte (Bombardier) e a metalurgia do alumínio, com destaque a transnacional Alcan, que atua em diversas partes do mundo na exploração de bauxita (minério de alumínio).

Quanto às relações comerciais, o Canadá apresenta uma exagerada dependência em relação aos Estados Unidos. A economia dos dois países funciona de modo integrado e cerca de 76% das exportações se destinam aos Estados Unidos. E, mais, 65% das importações são provenientes daquele país.

Diversidade cultural e separatismo em Quebec

Como podemos observar na tabela a seguir, os principais grupos étnicos que habitam o território canadense são os descendentes de britânicos e franceses.

Canadá – composição étnica	
Britânicos (ingleses, escoceses e irlandeses)	40%
Franceses	27%
Outros europeus (alemães, italianos, ucranianos, holandeses, entre outros)	20%
Outros grupos (asiáticos, negros e mestiços)	11%
Povos indígenas (incluindo os esquimós ou innuits)	2%

Fonte: Almanaque Abril.

Desde o período da colonização, existe uma rivalidade entre descendentes de britânicos, predominantes na maior parte do território, e descendentes de franceses (francófonos), concentrados na província de Quebec. Desse modo, a fragilidade canadense decorre da formação da própria identidade nacional.

Os habitantes de origem britânica constituem a parcela social hegemônica e os quebequenses sempre protestaram contra supostos privilégios dos canadenses de fala inglesa. Por exemplo, somente em 1969, por meio do Official Language Act, a língua francesa foi admitida como uma das oficiais do país.

Nas últimas décadas, o nacionalismo e o separatismo foram revigorados no Quebec. Grande parte da população local considera-se uma nação diferente em relação ao restante do Canadá, reivindicando um estado independente. No último plebiscito sobre o assunto, realizado em meados da década de 1990, os separatistas obtiveram pouco mais de 49% dos votos.

Charge satiriza o separatismo no Canadá.

Você sabia?

Os indígenas no Canadá: a luta dos innuits

Os povos indígenas canadenses representam apenas 2% da população. Existem cerca de 38 mil innuits (esquimós) e 650 mil descendentes de outras etnias. Os innuits estão concentrados no extremo norte do país. Geralmente, a qualidade de vida dos indígenas é inferior à dos demais grupos étnicos. Os índices de pobreza, marginalidade e desemprego são preocupantes. Acontecem dificuldades de acesso à moradia e não adaptação às escolas tradicionais. Os povos indígenas sofrem com a desagregação das suas culturas tradicionais em razão da influência da cultura ocidental. O índice de suicídios entre eles é três vezes maior do que o verificado na média do país. Todavia, esses povos vêm lutando por seus direitos e estão obtendo conquistas importantes. Em 1992, os innuits obtiveram uma grande vitória. Após anos de mobilização, conseguiram reaver alguns territórios no Ártico. Trata-se do território de Nunavut, uma área equivalente a 350 mil km2 e que está sendo administrado diretamente pelos esquimós.

ATIVIDADES

1) Complete o texto utilizando o banco de palavras: Quebec, Ontário, Nunavut, Ottawa, Toronto, alumínio, coníferas, madeira, papel, innuits, qualidade e franceses.

O Canadá é um dos países com melhor _____ de vida do mundo. A capital do país é a cidade de _____ enquanto a metrópole mais populosa é _____ situada na província de _____. Na província de _____ existe um movimento separatista, pois a maioria da população é descendente de _____. Os povos indígenas canadenses, como os _____ lutam contra a discriminação e reivindicam territórios perdidos no processo de colonização. No norte do país, os innuits apresentam autonomia no território de _____. O país é rico em recursos naturais, destacando-se a exploração de _____ nas florestas de _____ visando a produção de _____. A indústria também é muito desenvolvida, destacando-se a metalurgia do _____ e produção de aviões de médio porte.

2) Qual é a divisão física do continente americano?
_____
_____

3) Como se divide a América do ponto de vista social, político e econômico?
_____
_____
_____

4) Por que os Estados Unidos e o Canadá são considerados países ricos?
_____
_____
_____
_____
_____
_____

5. Um fotógrafo, viajando pelo oeste dos Estados Unidos, produziu a foto a seguir. Considerando as formas de relevo representadas, qual é o tipo de erosão responsável por seu esculpimento? Explique.

Monument Valley, estado do Arizona, oeste dos EUA.

___

6. A partir da leitura do texto "Desmatamento no Canadá pode criar 'bomba de carbono'", responda os itens:

   a) O que é CO_2? Qual é o impacto do aumento de suas emissões na atmosfera da Terra?

   b) Por que o desmatamento da floresta boreal pode aumentar as emissões de gás carbônico?

   c) Quais são as causas do desmatamento das florestas boreais no Canadá?

7. Qual é o principal problema geopolítico interno do Canadá? Quais são as razões alegadas pelos separatistas?

8. Qual é a situação da população indígena no Canadá? Quais são suas reivindicações?

Os Estados Unidos

A nação mais poderosa do mundo

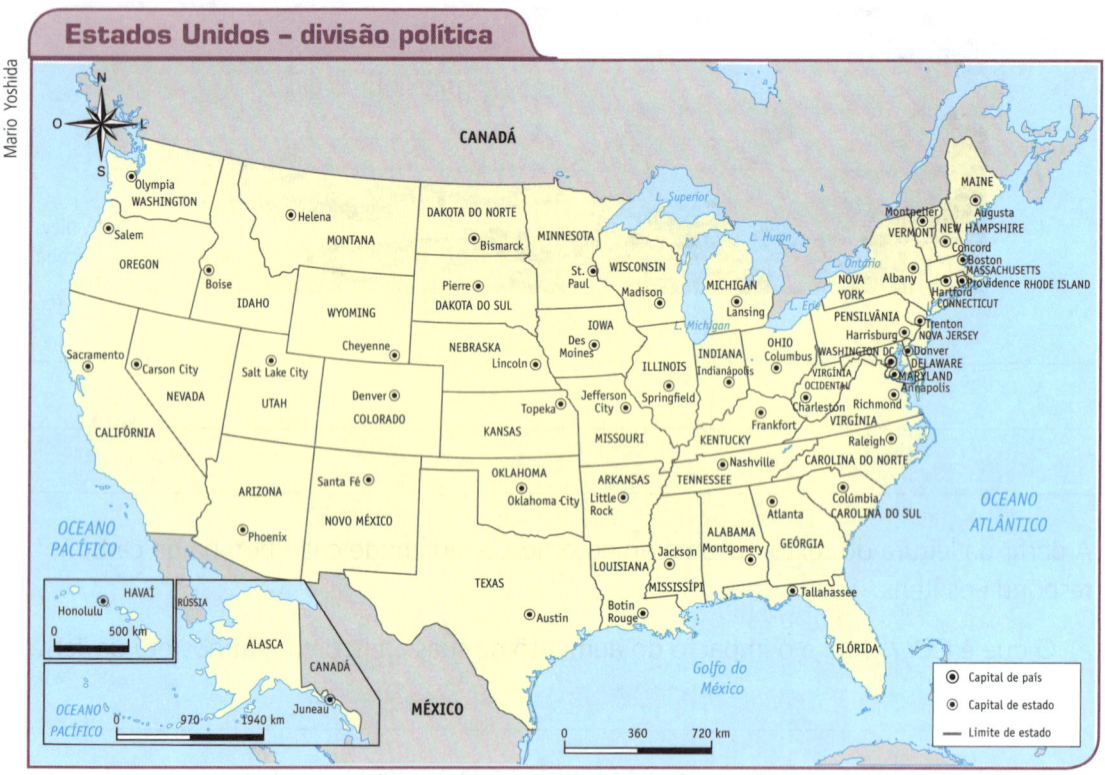

Estados Unidos – divisão política

Fonte: Com base em FERREIRA, Graça Maria Lemos. *Atlas geográfico espaço mundial*. São Paulo: Moderna, 2010.

Na atualidade, os Estados Unidos são o país mais poderoso do mundo do ponto de vista econômico, tecnológico e militar. O país detém o quarto maior território do planeta, cerca de 9 372 614 km². Esse território é formado por uma porção contínua composta por 48 estados. Os outros dois estados são descontínuos: o Alasca, localizado a noroeste do Canadá, e o Havaí, arquipélago situado no oceano Pacífico.

Os Estados Unidos também controlam outros territórios que apresentam diversos graus de autonomia política situados em áreas de interesse estratégico. Esses territórios resultam de uma expansão geopolítica que aconteceu a partir do final dos séculos XIX e XX. Na América Central, destaca-se Porto Rico. Na Oceania, ilhas como Guam e Samoa Americana.

Presidente Barak Obama na campanha eleitoral de 2008, nos Estados Unidos.

A nação é habitada por 314 milhões de pessoas, o que faz dos Estados Unidos o 3º país mais populoso do mundo. O país mais rico do planeta concentra 25% da atividade econômica mundial, detendo o maior e mais sofisticado conjunto de indústrias e serviços. Suas forças armadas são as mais bem equipadas do planeta, isto é, são capazes de intervir em diversas partes do planeta.

Estados Unidos – indicadores sociais	
Crescimento da população (% a cada ano)	0,9
População urbana (% da população)	82,0
Alfabetização (% acima de 15 anos de idade)	99,0
Expectativa de vida (em anos)	78,0
Mortalidade infantil (em cada mil nascidos até 1 ano de idade)	6,0
Acesso a rede de esgotos (% dos domicílios)	100,0
Número de computadores pessoas (a cada 100 habitantes)	76,2

Fonte: IBGE.

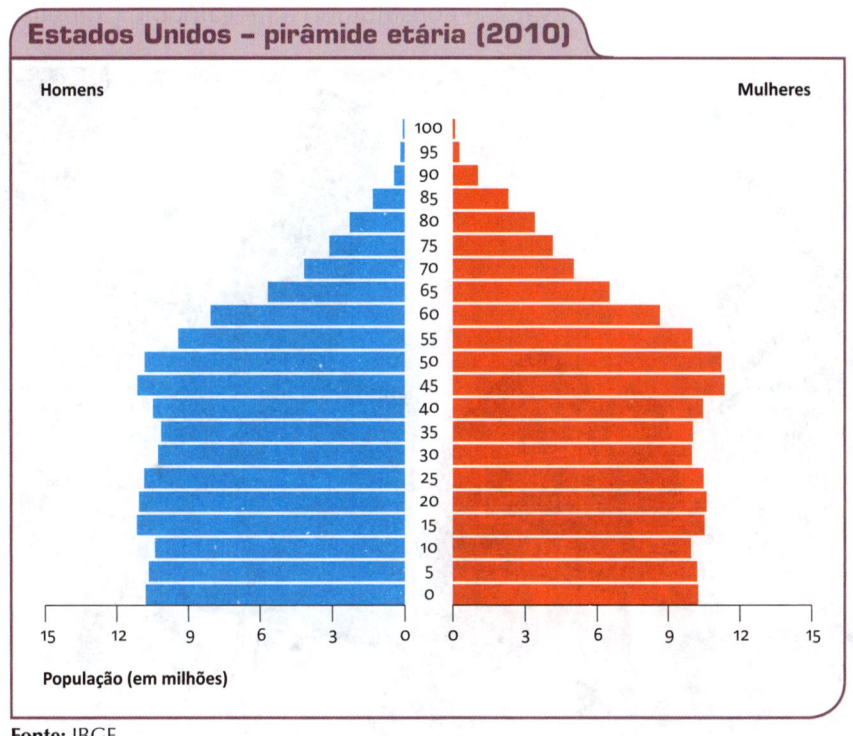

Fonte: IBGE.

O país apresenta uma sistema político democrático e presidencialista liderado por dois grandes partidos o Republicano (conservador) e o Democrata (liberal). O Partido Democrata é mais liberal, estando mais inclinado a resolver problemas sociais. Nas eleições americanas existem dois pleitos. No primeiro, os eleitores votam diretamente, elegendo delegados de cada estado. O partido vencedor em um estado ganha um limitado número de votos (variável conforme a população) que é reunido em um colégio eleitoral. No segundo pleito, é eleito presidente da República aquele cujo partido obter o maior número de votos estaduais.

O Nordeste: concentração urbana, industrial e financeira

Os Estados Unidos concentram o maior parque industrial do mundo. Sua principal região industrial ainda é o Nordeste, banhado pela costa atlântica e pelos Grandes Lagos. Foi a primeira região a se industrializar a partir de meados do século XIX, período da Segunda Revolução Industrial. Por isso, é denominada de *manufacturing belt*, ou seja, o cinturão das mercadorias industrializadas.

No Nordeste, localizam-se estados muito ricos como Nova York, Pensilvânia, Massachusetts, Illinois e Michigan. A região concentra a indústria de bens de produção (de base) com destaque para a siderurgia (aço) e metalurgia. Entre os bens de consumo, destaca-se a produção de automóveis. O principal centro de inovação tecnológica é o MIT (Instituto de Tecnologia de Massachusetts), localizado em Boston.

O Nordeste concentra a maior parte do poder econômico decisório nos Estados Unidos. A metrópole de Nova York concentra as sedes de empresas multinacionais e instituições financeiras com influência em todo o mundo. A região concentra cerca de 40% da população dos Estados Unidos e muitas metrópoles.

A primeira área intensamente urbanizada se estende de Boston até Washington, passando por Nova York, Filadélfia e Baltimore, sendo denominada de megalópole Bos-wash. Ao longo dos Grandes Lagos, configura-se a segunda área densamente urbanizada que se estende por Pittsburgh, Búfalo, Cleveland, Detroit, Chicago e Milwaukee constituindo a megalópole Chippits.

Nova York, centro financeiro, comercial, de serviços e polo cultural. Como metrópole global, a cidade exerce influência sobre todo o mundo. Na foto, a Broadway, área que concentra importantes atividades culturais como teatros que atraem turistas do mundo inteiro.

> **Você sabia?**
>
> ### Fatores que favoreceram a indústria no Nordeste
>
> Leia a seguir os fatores que favorecem a indústria no nordeste dos Estados Unidos.
>
> - grandes reservas de carvão mineral nos Montes Apalaches (recurso utilizado como matéria-prima nas indústrias siderúrgicas e em usinas geradoras de energia elétrica);
> - expressivas reservas de minério de ferro nas proximidades do Lago Superior (matéria-prima básica para a produção de aço);
> - adensamento populacional desde o período colonial, concentrando mão de obra abundante e com boa qualificação, além de um significativo mercado consumidor;
> - condições propícias para a geração de energia elétrica por meio de hidrelétricas (Grandes Lagos e Montes Apalaches), termelétricas e centrais nucleares;
> - excelente e integrada rede de transportes (rodovias, ferrovias e hidrovias), permitindo uma rápida circulação e consumo de mercadorias; as principais hidrovias são os Grandes Lagos e o rio São Lourenço (até o Oceano Atlântico), rio Mississípi (até o Golfo do México) e rio Hudson (até Nova York).

Descentralização industrial e setores de alta tecnologia

A partir do término da Segunda Guerra Mundial (1939-1945), os Estados Unidos se consolidam como a principal potência capitalista. Internamente, começa a ocorrer um processo de descentralização industrial, em que muitas empresas e novos investimentos direcionam-se para o sul e oeste do país. Essas novas áreas industriais concentram setores de alta tecnologia configurando o chamado *sun belt*.

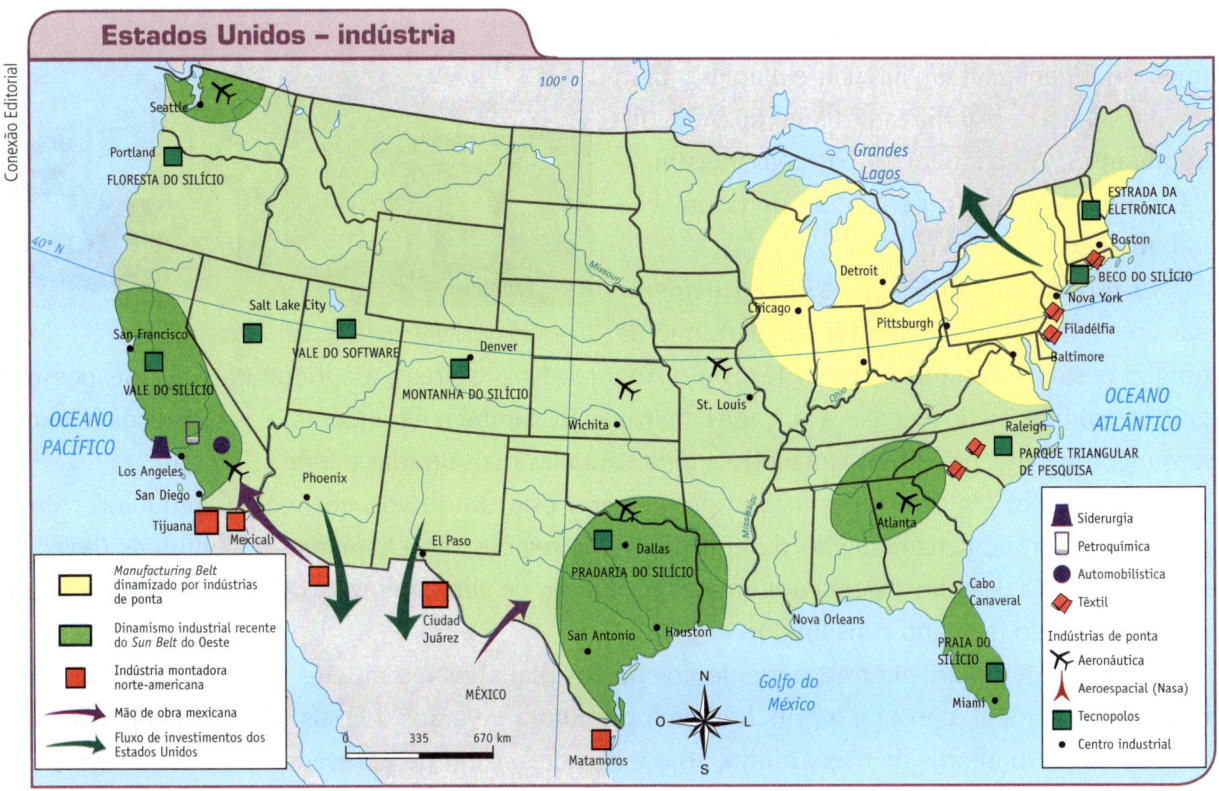

Estados Unidos – indústria

Fonte: Com base em FERREIRA, Graça Maria Lemos. *Atlas geográfico espaço mundial*. São Paulo: Moderna, 2010.

O Sudeste do país atravessou um rápido processo de modernização. Na Flórida, destacam-se Miami e Orlando na atividade turística, atraindo milhares de visitantes norte-americanos e estrangeiros.

No estado da Geórgia sobressai-se a metrópole de Atlanta, numa região com indústria têxtil avançada. O estado conta também com as sedes da Coca-Cola e da CNN. O Texas concentra grande parte da exploração de petróleo dos Estados Unidos e, por isso, a indústria petroquímica é a mais importante. Houston, maior metrópole texana, é famosa pela presença do setor aeroespacial liderado pela Nasa (National Aeronautics and Space Administration). A região também é importante no desenvolvimento biotecnológico.

A Califórnia é o estado mais populoso e mais rico dos Estados Unidos. No estado situa-se a megalópole San-San, integrada pelas regiões metropolitanas de São Diego, São Francisco e Los Angeles. O estado apresenta indústrias diversificadas e de alta tecnologia com relevância para a petroquímica, informática e construção naval. Nos arredores de São Francisco localiza-se um dos mais importantes centros de aplicação de pesquisa científica e tecnológica do país, o Vale do Silício. Nessa área, as grandes universidades como a de Stanford, a da Califórnia e de San Jose realizam a inovação tecnológica em colaboração com indústrias de ponta, principalmente a informática e eletrônica. A Califórnia também é conhecida por sua "indústria cultural", particularmente a produção cinematográfica (Hollywood, Los Angeles).

No Noroeste, o Estado de Oregon é importante na indústria de armamentos concentrada na região de Portland. No estado de Washington, liderado pela metrópole de Seattle, destaca-se a produção de aviões de grande porte e o setor de informática.

A moderna agropecuária

A agropecuária dos Estados Unidos apresenta alta produtividade. Utiliza-se a biotecnologia (melhorias genéticas em animais e plantas), além de agrotóxicos e fertilizantes em quantidades abundantes. A agricultura é bastante mecanizada, sendo pequeno o percentual de população trabalhando no campo.

O uso da alta tecnologia torna-se evidente nas áreas de clima semiárido e mediterrâneo da porção oeste, em estados como o Texas e o Arizona. Nessas áreas, a agricultura é apenas possível graças à utilização de técnicas avançadas de irrigação. Também é frequente o uso da técnica do *dry farming*, revolvimento do solo trazendo à tona camadas mais úmidas e férteis.

Dinamismo industrial recente no *Sun Belt* do oeste e sul.

Nos Estados Unidos, a produção agropecuária está distribuída em regiões produtoras onde predomina um número reduzido de cultivos. Essas regiões são chamadas de cinturões (*belts*). A escolha do tipo de cultivo varia conforme as condições de clima, relevo, solo, rede de transportes e proximidade do mercado consumidor.

O Meio-Oeste, área correspondente aos baixos planaltos e planícies centrais, drenadas pela bacia do Mississípi, constitui a principal área produtora de grãos do país. Os Estados Unidos são importantes produtores de trigo, milho, soja e algodão, além de apresentarem um numeroso rebanho bovino.

Problemas sociais: desigualdade, preconceito racial e criminalidade

Apesar do expressivo crescimento econômico nas décadas de 1990 e 2000, os Estados Unidos ainda apresentam alguns sérios problemas sociais, o crescimento da desigualdade social, a questão da integração racial e a criminalidade. A partir de 2008, com a crise financeira, a situação social piorou no país devido ao aumento do desemprego.

A distribuição da riqueza no país é mais desigual quando comparamos com os países da Europa Ocidental e o Japão. Nos Estados Unidos, as relações entre os grupos étnicos é dificultada pela prática do racismo, principalmente pela população branca e atingindo negros, latinos e povos indígenas. O tipo étnico mais privilegiado é representado pela sigla "wasp", isto é, *white* (branco), anglo-saxão e protestante. Veja, no quadro, a distribuição dos grupos étnicos.

No território norte-americano ainda atuam algumas organizações racistas, a exemplo da Klu Klux Klan, grupo que defende a supremacia racial branca em relação aos negros e latinos. Devido a discriminação racial que sofrem desde o período colonial, os afro-americanos se mobilizaram em defesa de seus direitos durante o século XX e conquistaram diversos avanços sociais.

Uma das medidas que melhoraram a situação dos negros nos Estados Unidos foi a implantação de políticas de ação afirmativa como as cotas nas universidades do país. Ao longo do tempo, as cotas estimularam a ascensão educacional e socioeconômica dos afro-americanos. Hoje, o percentual de negros nas universidades já chega a 10%, ou seja, o mesmo verificado na população. Desse modo, o sistema de cotas está sendo extinto na maior parte do país, mas cumpriu seu papel na melhoria das condições de vida dos afro-americanos. A eleição de Barack Obama em 2008, o primeiro presidente afrodescendente, foi um passo importante no combate à discriminação racial nos Estados Unidos.

A discriminação racial e a desigualdade social marcam a paisagem das metrópoles do país. O espaço urbano costuma ser fragmentado em frações diferenciadas conforme a classe social e a etnia. Existem bairros para a classe média branca, bairros centrais deteriorados para os negros mais pobres, além de bairros habitados apenas por asiáticos.

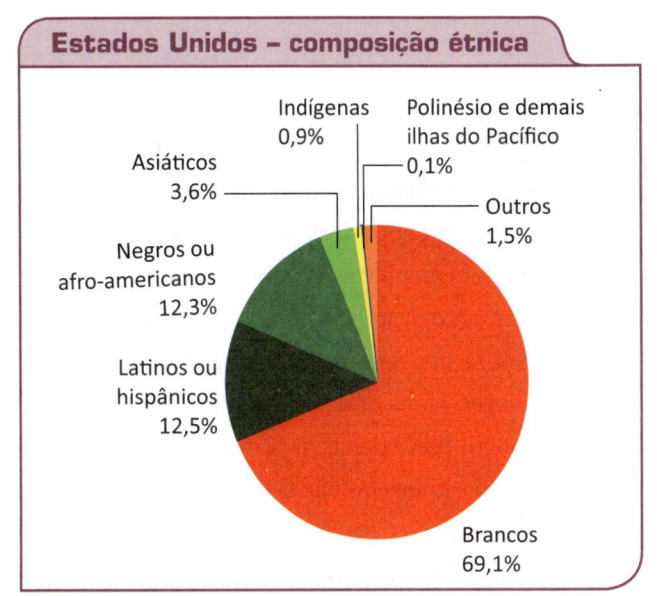

Estados Unidos – composição étnica

- Indígenas: 0,9%
- Polinésio e demais ilhas do Pacífico: 0,1%
- Asiáticos: 3,6%
- Outros: 1,5%
- Negros ou afro-americanos: 12,3%
- Latinos ou hispânicos: 12,5%
- Brancos: 69,1%

Fonte: Censo dos EUA.

Martin Luther King foi o maior líder negro dos Estados Unidos. Ajudou a mobilizar a população negra contra o racismo. Morreu assassinado por um extremista racista na década de 1960.

Em bairros mais pobres, como o Harlem em Nova York, existem problemas típicos de países subdesenvolvidos como a carência nos serviços públicos de educação e saúde, o subemprego e as moradias precárias. A pobreza atinge com maior intensidade os negros e os latinos. Nas grandes cidades existe um número significativo de sem-teto (*homeless*). Nos Estados Unidos, um dos problemas sociais mais graves é o elevado consumo de drogas como a cocaína, a heroína e o ecstasy, atingindo especialmente os mais jovens.

Apesar de preocupantes, os índices de criminalidade se reduziram em diversas metrópoles norte-americanas, a exemplo de Nova York. A redução se deu graças a investimentos em programas rigorosos de segurança pública. Procura-se prevenir a criminalidade, coibindo todos os crimes, inclusive os menos graves. Trata-se do polêmico programa de tolerância mínima quanto à prática de pequenos delitos. O problema é que muitas vezes, os policiais cometem abusos atingindo grupos sociais vulneráveis como os negros.

Você sabia?

Entenda a polêmica sobre a lei de imigração do Estado do Arizona (EUA)

O Arizona tornou-se, em 23 de abril de 2010, o primeiro estado americano a converter a imigração ilegal em crime, num claro desafio ao governo de Barack Obama, que já tinha classificado a medida como "equivocada" e enfrenta oposição para aprovar uma reforma imigratória nacional. (...)

A governadora republicana Jan Brewer promulgou a polêmica lei SB1070, que torna um delito menor estar sem documento de imigração no Arizona e permite que policiais interroguem pessoas sobre sua situação imigratória se houver qualquer "suspeita razoável" sobre sua situação legal no país o que críticos temem que possa gerar uma onda de discriminação.

A lei também prevê penas para quem transportar ou der trabalho a um imigrante ilegal. Torna-se crime, ainda, se um estrangeiro não estiver com seus documentos de imigração no momento em que for parado por autoridades.

Uma semana depois de assinar a lei, a governadora assinou uma emenda tentando acalmar as preocupações de que a medida levaria ao racismo. As mudanças incluem restrições mais duras contra o uso de critérios de raça ou etnia para realizar interrogatórios policiais. Outra alteração afirma que o questionamento sobre a situação imigratória de uma pessoa deve ocorrer após a pessoa ser parada, detida ou presa por um policial por infringir outra lei.

A aprovação da lei causou protestos de imigrantes, grupos defensores de imigrantes, governos de países como México e Guatemala, além de entidades internacionais, como a Organização dos Estados Americanos (OEA). Centenas de milhares de pessoas foram às ruas em mais de 70 cidades dos Estados Unidos para protestar contra a lei.

O Arizona não é um dos Estados americanos com a maior quantidade de ilegais no país, mas é a segunda jurisdição – atrás de Nevada – com maior proporção de imigrantes ilegais em relação à população. Segundo cálculos oficiais, vivem ali 460 mil imigrantes sem documentos, a maioria de origem mexicana, para uma população de 6 milhões de habitantes. (...)

Disponível em: <http://www.folha.uol.com.brmundo/774056-entenda-a-polemica-sobre-a-lei-de-imigracao-do-estado-de-arizona-rua.shtml>
Acesso em: jul. 2012

ATIVIDADES

1 Por que os Estados Unidos são o país mais poderoso do mundo na atualidade?

_____
_____
_____
_____

2 Cite três fatores que favoreceram a concentração urbana e industrial no Nordeste dos Estados Unidos.

_____
_____
_____
_____

3 Cite duas novas áreas de concentração urbana, industrial, científica e tecnológica, uma no Texas e outra na Califórnia.

_____
_____
_____

4 Cite quatro características da agropecuária dos Estados Unidos.

_____
_____
_____

5 Com o auxílio do mapa EUA – indústria (página 25) –, responda às perguntas a seguir.

a) Quais os cinco estados norte-americanos com maior concentração de indústrias?

_____
_____
_____
_____

b) Cite três grandes metrópoles dos Estados Unidos.

_____

_____

_____

c) Cite três centros científicos e tecnológicos importantes e os estados onde se localizam.

_____

_____

_____

6 Escreva sobre a produção de energia nos Estados Unidos a partir da interpretação do mapa a seguir.

Fonte: Com base em FERREIRA, Graça Maria Lemos. *Atlas geográfico espaço mundial*. São Paulo: Moderna, 2010.

_____

_____

_____

_____

_____

_____

_____

_____

_____

7 Leia o mapa e comente sobre o problema do racismo nos Estados Unidos.

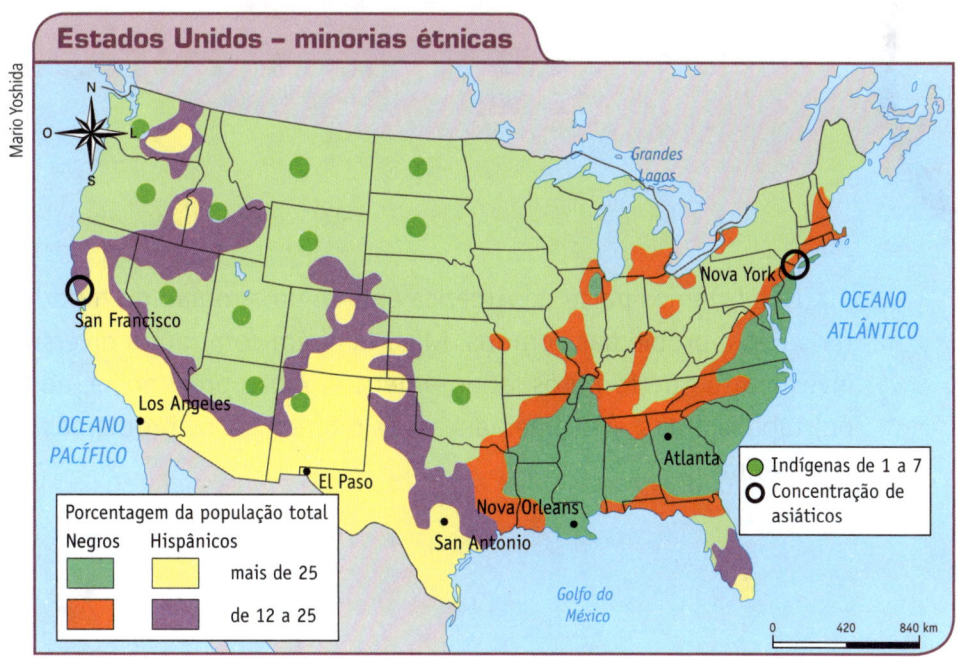

Estados Unidos – minorias étnicas

Porcentagem da população total
- Negros / Hispânicos
- mais de 25
- de 12 a 25

● Indígenas de 1 a 7
○ Concentração de asiáticos

Fonte: Com base em FERREIRA, Graça Maria Lemos. *Atlas geográfico espaço mundial.* São Paulo: Moderna, 2010.

Capítulo 2
AMÉRICA LATINA E CARIBE

Nós fazemos parte da América Latina, uma região do mundo com características e problemas comuns. Mas, também com muita diversidade. Vamos investigar o que torna os latino-americanos tão próximos e, ao mesmo tempo, tão distantes. As semelhanças, as diferenças, os problemas e os desafios a enfrentar.

Favela em área de risco de deslizamento na cidade de Valparaiso, localizada no Chile.

A América Latina e o Caribe

A América pobre é também denominada de América Latina e Caribe. Nessa região, predominou a colonização de exploração nos séculos XVI, XVII e XVIII. Esse tipo de colonização foi fundamentada na exploração do trabalho escravo e servil e na produção econômica voltada para o enriquecimento das metrópoles como Espanha, Portugal e França.

São nações onde dominam o cristianismo católico e as línguas latinas. O espanhol é falado na maioria desses países. O português está restrito ao Brasil, enquanto o francês é falado no Haiti e em territórios controlados pela França como a Guiana Francesa e as ilhas de Martinica e Guadalupe. Em alguns países caribenhos são faladas línguas não latinas, como o holandês no Suriname, e o inglês em países como Jamaica, Belize, Trinidad e Tobago, Guiana, Barbados e Bahamas.

Os países latino-americanos e caribenhos apresentam maiores dificuldades sociais, políticas e econômicas. Geralmente, grande parte de suas populações se encontram entre a pobreza e a extrema miséria, ou seja, predomina a baixa qualidade de vida. São sociedades que conviveram até pouco tempo com regimes políticos autoritários. Apesar do avanço democrático, muitos países enfrentam graves problemas com a permanência de enormes desigualdades sociais.

As condições socioeconômicas dos países latino-americanos e caribenhos apresentam menor grau de desenvolvimento e sofrem influência dos países ricos como os Estados Unidos. Mesmo assim, existem características específicas que variam de país para país. Em alguns, a situação social é melhor, a exemplo de alguns países como Chile, Uruguai, Argentina, Costa Rica e Cuba. Em outros, como Bolívia, Haiti, Guiana e Honduras, a situação social é bastante precária. Vários países dependem da exportação de matérias-primas agrícolas e minerais, enquanto outros são mais industrializados como é o caso do Brasil, do México e da Argentina.

Obelisco na Avenida 9 de julho, Buenos Aires, Argentina.

México

Aspectos básicos e uso do solo

O México é o segundo país mais populoso e industrializado da América Latina e Caribe. Sua população está estimada em 109 milhões de habitantes, distribuídos por uma área de 1 972 547 milhões de km².

O México apresenta litoral no oceano Pacífico e tem acesso ao Atlântico por meio do Golfo do México. Do ponto de vista geológico, o território mexicano é instável, pois se encontra numa área de contato entre placas tectônicas, daí a constante ocorrência de vulcões e terremotos.

A porção norte do território mexicano é dominada por climas secos como o árido e o semiárido, ocorrendo escassez de chuvas. Geralmente, são regiões ocupadas pela pecuária extensiva bovina.

Ao sul, as áreas litorâneas e a região de Yucatán apresentam clima tropical úmido, inclusive com a presença de algumas florestas densas remanescentes. As áreas costeiras são ocupadas pela agricultura comercial para exportação, destacando-se a produção de açúcar, café e frutas cítricas como a laranja. Nas áreas montanhosas, as temperaturas declinam em decorrência da altitude.

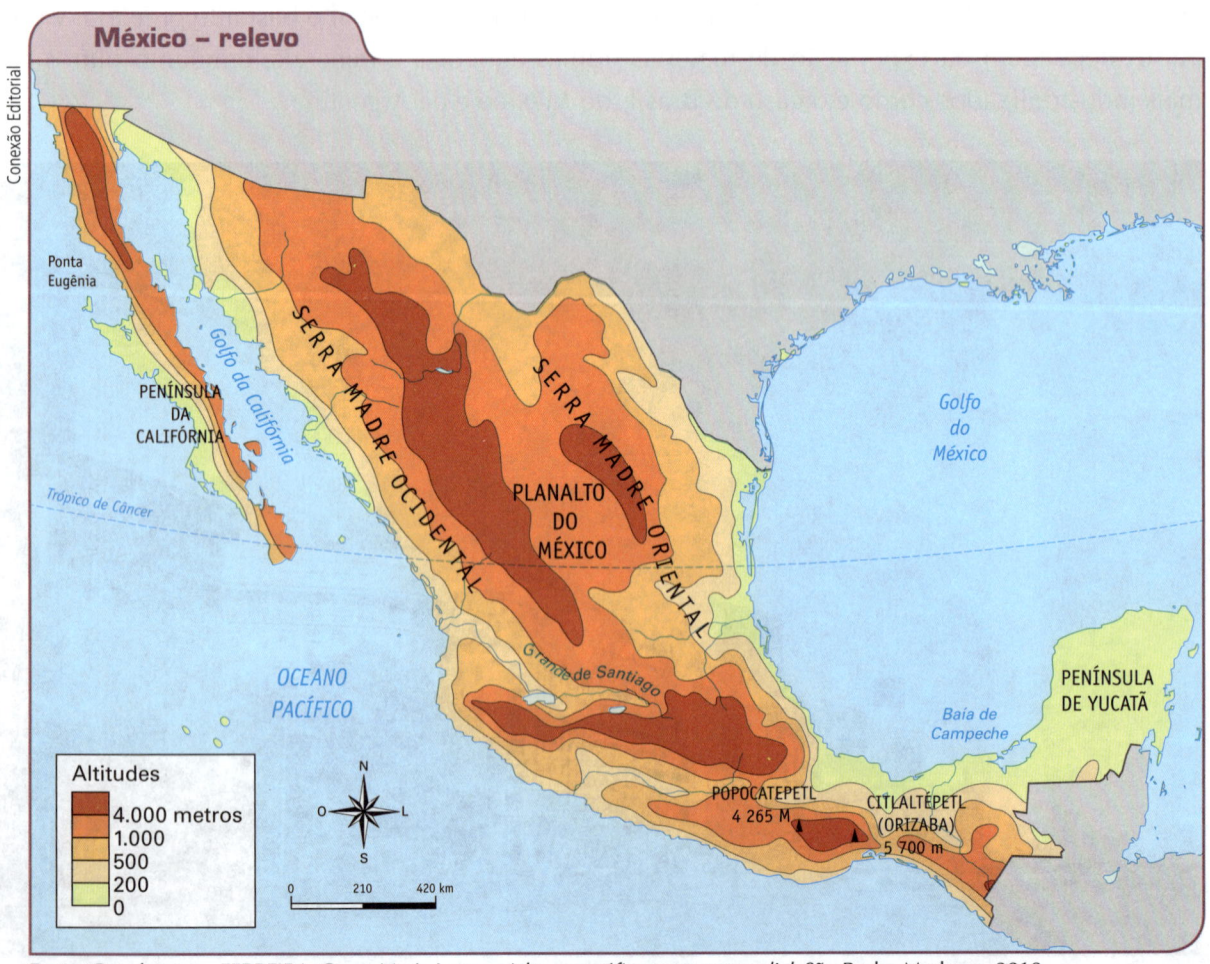

México – relevo

Fonte: Com base em FERREIRA, Graça Maria Lemos. *Atlas geográfico espaço mundial.* São Paulo: Moderna, 2010.

População

O gráfico representa a repartição dos grupos étnicos que integram a população mexicana. Observa-se o nítido predomínio dos mestiços e indígenas, embora a riqueza esteja concentrada nas mãos da população branca.

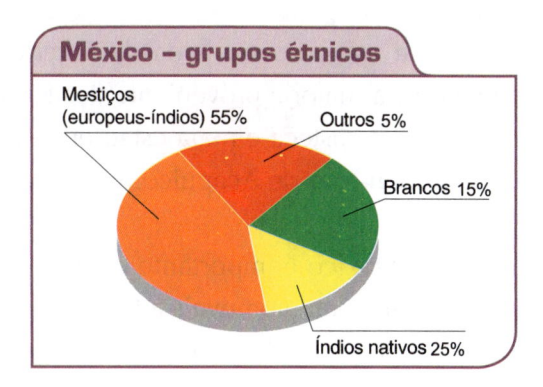

México – grupos étnicos
- Mestiços (europeus-índios) 55%
- Outros 5%
- Brancos 15%
- Índios nativos 25%

México – indicadores sociais	
Crescimento da população (% a cada ano)	0,90
População urbana (% da população)	77,50
Alfabetização (% acima de 15 anos de idade)	92,80
Expectativa de vida (em anos)	75,80
Mortalidade infantil (em cada mil nascidos até 1 ano de idade)	16,70
Acesso a rede de esgotos (% dos domicílios)	81,00
Número de computadores pessoas (a cada 100 habitantes)	13,08

Fonte: IBGE.

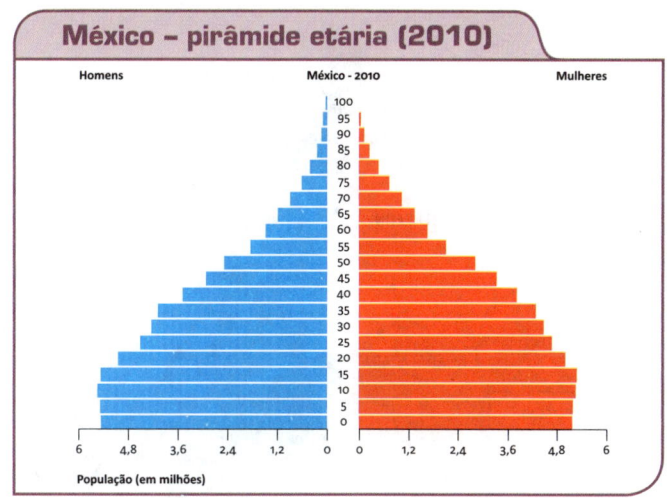

México – pirâmide etária (2010)

População (em milhões)

Fonte: CIA - The World Factbook.

Economia e urbanização

A industrialização e a urbanização mexicanas se aceleraram após o término da Segunda Guerra Mundial (1939-1945), inclusive em virtude da instalação de empresas transnacionais, controladoras de setores importantes, como o automobilístico.

Um dos principais produtos de exportação do país é o petróleo, cuja área de exploração concentra-se no Golfo do México. A principal empresa petrolífera é a estatal Pemex – Petróleos Mexicanos S.A.

A partir da entrada do México no bloco econômico Nafta (Área de Livre Comércio da América do Norte) com os Estados Unidos e Canadá, ampliaram-se os investimentos estrangeiros no país.

Diversas multinacionais norte-americanas montaram suas fábricas no norte do México. Essas indústrias são chamadas de maquiladoras, uma vez que a maior parte dos componentes dos bens produzidos é importada e apenas montada no território mexicano. A principal vantagem dessas empresas é a exploração da mão de obra barata e com contratos temporários de trabalho, além dos baixos impostos pagos ao governo mexicano.

A atividade turística mexicana é a mais desenvolvida da América Latina. O país recebe um grande número de turistas estrangeiros, a maioria proveniente dos Estados Unidos. Os sítios arquitetônicos e arqueológicos das civilizações asteca e maia estão entre as maiores atrações. Entre os complexos turísticos litorâneos destacam-se o de Acapulco, na costa do Pacífico, e o de Cancún, banhado pelo mar do Caribe.

Além de ser capital, a Cidade do México é importante centro industrial, financeiro e de serviços. A grande concentração industrial e de automóveis a tornou uma das cidades mais poluídas do planeta. Desse modo, a cidade já tomou medidas para combater a poluição do ar como o rodízio de automóveis e a suspensão temporária da atividade industrial nos períodos mais críticos.

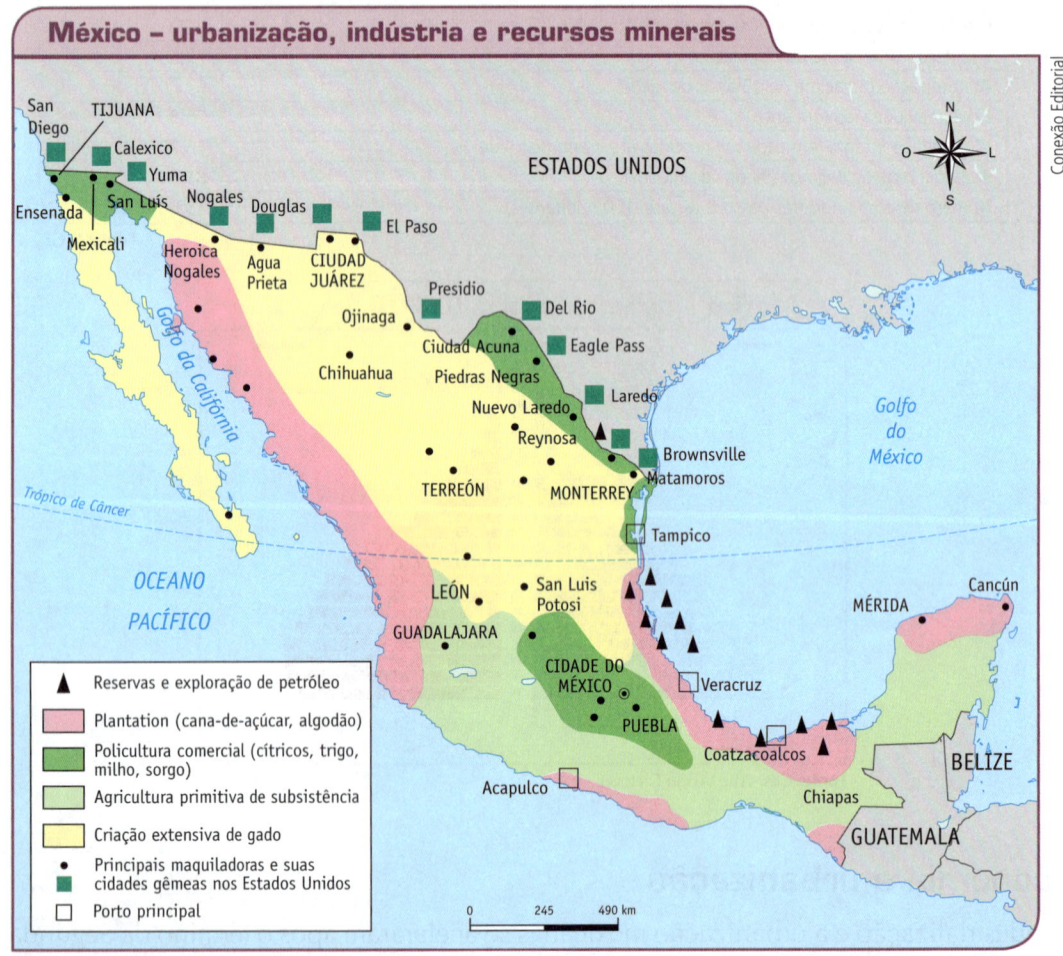

México – urbanização, indústria e recursos minerais

Fonte: Com base em FERREIRA, Graça Maria Lemos. *Atlas geográfico espaço mundial*. São Paulo: Moderna, 2010.

Nos anos 2000, o México enfrenta problemas como os confrontos entre o crime organizado ligado ao narcotráfico e a polícia e as forças armadas mexicanas. Os conflitos elevaram o número de homicídios e sequestros no país. Também ocorreram revoltas sociais nos estados do sul, como Guerrero e Chiapas, porção mais pobre do país.

ATIVIDADES

1 Por que os países latinos e caribenhos são considerados pobres?

_____
_____
_____
_____
_____

2 A cidade do México, capital do México, é:

a) um importante centro financeiro, industrial e muito poluída. ( )

b) um importante centro financeiro, industrial e desconhece a poluição. ( )

c) um centro sem importância em termos financeiros, mas altamente poluída. ( )

d) um centro comercial sem importância e pouco poluída. ( )

3 O principal recurso natural exportado pelo México é:

a) carvão mineral ( )

b) petróleo ( )

c) ferro ( )

d) ouro ( )

4 O que são as indústrias maquiladoras? Por que elas existem?

_____
_____
_____
_____

5 Com o auxílio do mapa México – urbanização, indústria e recursos minerais (na página 36), responda às questões.

a) Cite 3 cidades com indústrias maquiladoras.

_____
_____

37

b) Qual área concentra a exploração de petróleo?

_____

_____

c) Mencione uma região com policultura comercial.

_____

_____

6 A partir da interpretação do mapa a seguir, escreva sobre as condições de vida no território mexicano.

México – condições de vida

Nível de condição de vida
- Muito alto
- Alto
- Regular
- Baixo
- Muito baixo
- Minorias indígenas importantes
- ★ Movimentos de oposição armada

Fonte: Com base em FERREIRA, Graça Maria Lemos. *Atlas geográfico espaço mundial*. São Paulo: Moderna, 2010.

_____

_____

_____

_____

América Central

Aspectos naturais

A América Central é formada por duas porções. A primeira é uma pequena extensão de terra que liga a América do Norte à América do Sul, sendo denominada de istmo centro-americano. A segunda porção é insular, isto é, integrada por um conjunto de ilhas, as Grandes Antilhas, as Pequenas Antilhas e as Bahamas, situadas entre o Atlântico e o mar do Caribe (das Antilhas ou das Caraíbas).

A América Central apresenta um grande número de pequenos países. A excessiva balcanização, isto é, fragmentação política, é resultado da interferência estrangeira combinada aos interesses conflitantes das elites locais durante o período colonial.

De menor porte, as nações centro-americanas e caribenhas são mais pobres. Apresentam economias dependentes da exportação de matérias-primas agrícolas, atividade turística e atividade financeira.

Os países da região são pobres em recursos minerais e energéticos. Destacam-se apenas a exploração de estanho em Honduras, de alumínio (bauxita) na Jamaica e de petróleo em Trinidad e Tobago. A atividade industrial é pouco significativa. Os setores mais importantes são o alimentício e o têxtil. As principais aglomerações industriais estão na Cidade da Guatemala e Havana, capital de Cuba.

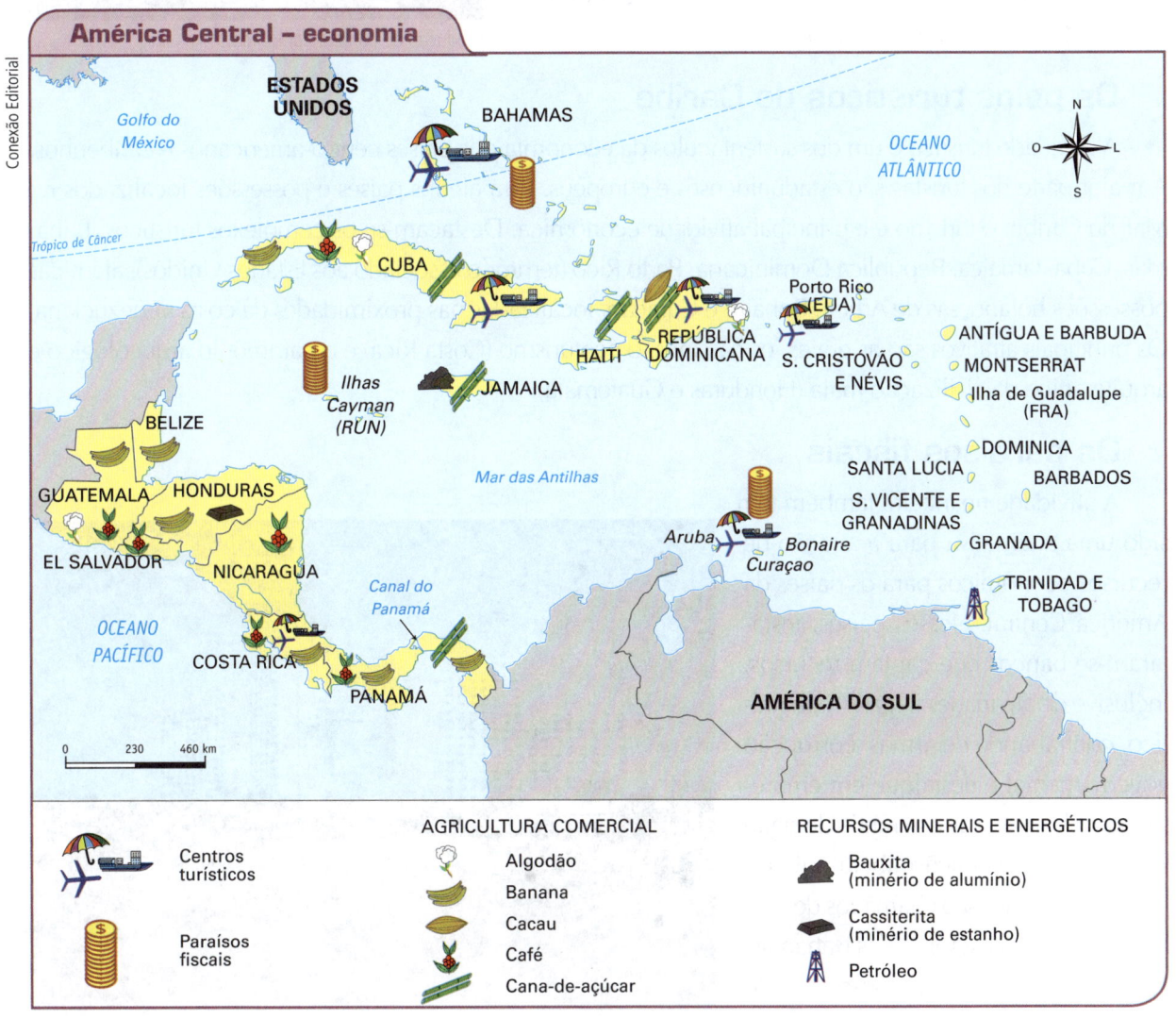

Fonte: Com base em FERREIRA, Graça Maria Lemos. *Atlas geográfico espaço mundial*. São Paulo: Moderna, 2010.

Agricultura comercial para exportação

A atividade agrícola para exportação é um dos pilares da economia centro-americana. Em geral, segue o sistema de *plantation*, introduzido no período colonial, sendo baseado no latifúndio (grande propriedade), na monocultura (cultivo de um único produto) e na exportação (mercado consumidor externo).

A produção agrícola para exportação contrasta com o pouco desenvolvimento das lavouras destinadas ao mercado interno. Por sua vez, os índices de desnutrição em alguns países é alarmante. A agricultura comercial é controlada por transnacionais estrangeiras, principalmente dos Estados Unidos, em aliança com os grandes proprietários de terras.

A região destaca-se na exportação de frutas tropicais, a exemplo da banana em Honduras e Nicarágua. O cacau é importante para a Costa Rica e República Dominicana. O açúcar é de grande relevância para Cuba, Jamaica e Haiti. Já o café apresenta produtores importantes como El Salvador, Guatemala e Costa Rica.

Produção de banana em Honduras.

Os polos turísticos do Caribe

A atividade turística é um dos sustentáculos da economia dos países centro-americanos e caribenhos. A maior parte dos turistas são estadunidenses e europeus. Para alguns países e possessões localizados no Mar do Caribe, o turismo é a principal atividade econômica. Destacam-se os complexos turísticos, Bahamas, Cuba, Jamaica, República Dominicana, Porto Rico (território associado aos Estados Unidos), além das possessões holandesas de Aruba, Bonaire e Curaçao, localizadas nas proximidades da costa venezuelana. Os principais atrativos são as praias, os cassinos, o ecoturismo (Costa Rica) e o patrimônio arqueológico e arquitetônico da civilização maia (Honduras e Guatemala).

Os paraísos fiscais

A atividade financeira também tem sido uma alternativa para a atração de recursos econômicos para os países da América Central. Nesses países, instalaram-se bancos que captam recursos, inclusive de atividades ilegais (narcotráfico, contrabando de armas, corrupção governamental e desfalque em empresas privadas). Graças à garantia de sigilo bancário e a legislação liberal, alguns países caribenhos são chamados de "paraísos fiscais", a exemplo das Bahamas, Panamá e Ilhas Cayman (possessão do Reino Unido).

Bahamas, país localizado em um arquipélago e cuja economia depende do turismo.

> **Você sabia?**
>
> Na América Central continental, o país mais estável e com bons indicadores sociais é a Costa Rica. Trata-se de um país com tradição democrática e que não possui Forças Armadas. Nos últimos anos, o governo costa-riquenho aposta em sua estabilidade social como vantagem para incentivar a atração de indústrias de alta tecnologia (componentes de informática).

O Canal do Panamá

A primeira tentativa de construção de um canal ligando o oceano Pacífico ao mar do Caribe aconteceu no final do século XIX por iniciativa dos franceses. A empreitada não teve êxito e milhares de trabalhadores foram vítimas de epidemias tropicais. A construção do canal era estratégica para facilitar a navegação entre o Pacífico e o Atlântico sem a necessidade de contornar a costa da América do Sul.

No início do século 20, o Panamá fazia parte do território da Colômbia. Os Estados Unidos estavam dispostos a construir o canal, mas não contaram com o apoio do governo colombiano. Por sua vez, os norte-americanos passaram a auxiliar um movimento separatista que conduziu à independência do Panamá, em 1903. Em troca do apoio norte-americano, o governo panamenho permitiu a construção do Canal, uma das maiores obras de engenharia do mundo. O canal foi administrado pelos Estados Unidos até 1999. A partir de então, a gestão do Canal passou diretamente para o governo do Panamá.

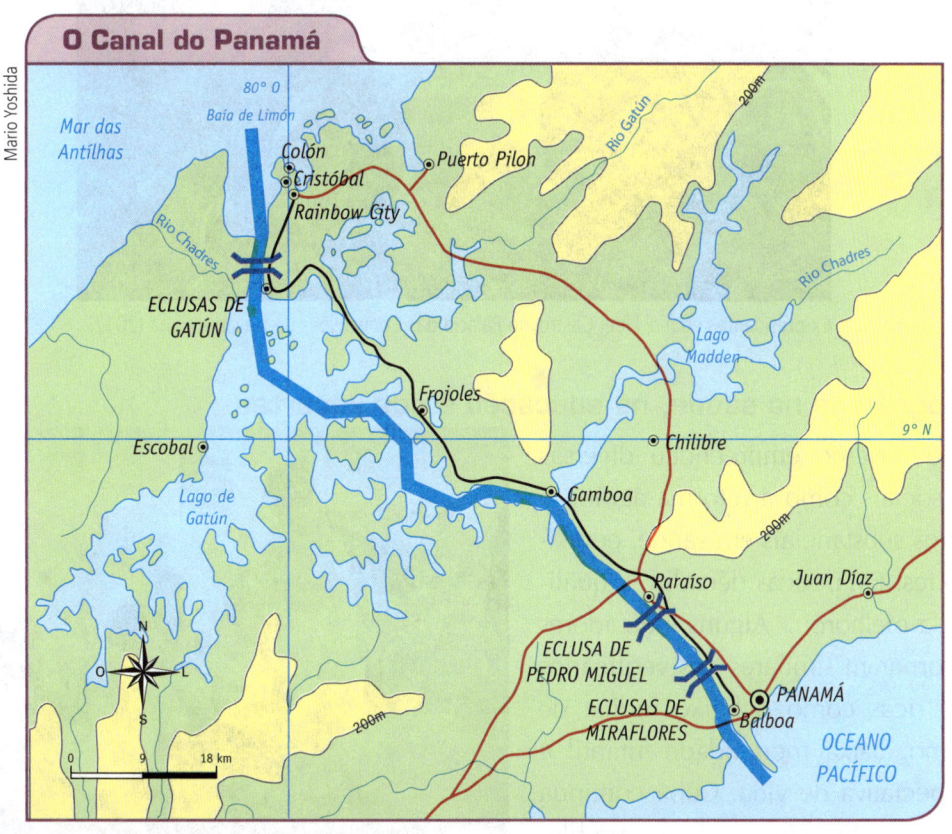

Fonte: Com base em FERREIRA, Graça Maria Lemos. *Atlas geográfico espaço mundial.* São Paulo: Moderna, 2010.

Cuba

A revolução socialista de 1959

Cuba é o maior país da América Central com área territorial de 110 mil km² ocupada por uma população de 11,2 milhões de habitantes. Sua população é predominantemente mulata (51%), seguida de brancos (37%) e negros (11%). O país teve uma independência tardia, conseguida apenas no final do século XIX por meio de uma guerra entre Estados Unidos e Espanha. Na época, a vitória fortaleceu a influência dos Estados Unidos na América Central e Caribe.

Os estadunidenses conseguiram o apoio do governo cubano para instalar uma base militar ao sul da ilha em Guantanamo Bay, existente até os dias de hoje. Durante décadas, a economia cubana se manteve subordinada aos interesses estadunidenses. Nos anos de 1950, o país era governado pelo ditador corrupto Fulgêncio Batista.

Contra o governo de Batista, formou-se uma guerrilha socialista liderada por Fidel Castro. A vitória da guerrilha contra o governo permitiu a Revolução Cubana de 1959, quando Castro assumiu o cargo de presidente e instaurou o primeiro governo socialista das Américas.

Ex-presidente cubano, Fidel Castro, no Palácio das Convenções de Havana, Cuba (2012).

Os progressos na saúde, na educação e nos esportes

O novo governo empreendeu diversas mudanças sociais como a reforma agrária e investimentos substanciais em saúde, educação e esportes. Em poucas décadas, a qualidade de vida melhorou. Alguns indicadores sociais se tornaram similares aos verificados em nações ricas como o baixo índice de analfabetismo, baixa mortalidade infantil e elevada expectativa de vida. Cuba continua sendo socialista até hoje e enfrenta problemas econômicos.

Escola em Cuba.

> **Você sabia?**

A dramática situação do Haiti

A segunda maior ilha do Caribe é Hispaniola, dividida entre dois países. A oeste localiza-se o Haiti, ex-colônia francesa, à leste, situa-se a República Dominicana, ex-colônia espanhola. No passado, o Haiti teve prosperidade econômica com o apogeu da cultura da cana-de-açúcar. Foi o primeiro país latino-americano a declarar-se independente por meio de uma rebelião de escravos negros no início do século XIX.

Do ponto de vista étnico, o país é formado por mulatos (classe dominante e dirigente) e por negros (classes sociais mais pobres), ocorrendo rivalidade entre os dois grupos. A elite fala francês, mas a maior parte da população fala o "criole", dialeto que mistura palavras francesas com as de origem africana. O vodu é uma das religiões tradicionais do país, sendo caracterizado por práticas animistas: mistura de elementos cristãos e africanos, divindades ligadas à natureza e incorporação de espíritos.

A partir do século XX, o país foi assolado por crises econômicas, políticas e sociais. A ineficiência das elites locais somada à interferência estrangeira (Estados Unidos e França) estão entre as causas principais dos dilemas haitianos.

A instabilidade política, a violência e a corrupção são uma constante no histórico do país. Em 2004, rebeldes armados e opositores do governo tomaram grande parte do país e chegaram à capital, Porto Príncipe. Na iminência de ser deposto pelos rebeldes, Aristide fugiu do país a partir da interferência da França e dos Estados Unidos. A partir de então o país passou a contar com o auxílio de forças de paz da ONU com a liderança do Brasil. O Haiti permanece como um país instável e com índices dramáticos de miséria, sendo a nação com pior qualidade de vida do continente americano. Em 2006, aconteceram eleições com a vitória do presidente René Preval.

Em 2010, o Haiti foi atingido por um intenso terremoto de 7.1º na escala Richter. Morreram cerca de 230 mil pessoas e grande parte da infraestrutura do país foi destruída, inclusive da capital, Porto Príncipe. Desde então, o país recebe ajuda humanitária e financeira da ONU e de vários países, inclusive do Brasil.

O Haiti é o país com maior índice de pobreza na América.

ATIVIDADES

1 Quais são as características da agricultura comercial na América Central? Quais são os seus principais produtos?

_____
_____
_____
_____

2 Qual é a importância da atividade turística para os países do Caribe? Cite três polos turísticos relevantes.

_____
_____
_____
_____
_____

3 O que são paraísos fiscais? Cite um deles.

_____
_____
_____
_____
_____

4 Explique a importância do Canal do Panamá.

_____
_____
_____
_____

5 Cuba tem regime socialista ou capitalista?

_____
_____
_____
_____

6 Analise os dados sociais a seguir e responda ao que se pede.

Indicadores sociais dos países A e B	País A	País B
Mortalidade infantil (em cada mil nascidos até 1 ano de idade)	5,10	48,80
Expectativa de vida (mulheres/homens em anos)	77,90	60,00
Alfabetização (acima de 15 anos de idade)	99,80	62,20
Crescimento demográfico (% a cada ano)	0,020	1,55
População urbana (% da população)	75,60	48,20

Fonte: IBGE.

a) Qual dos dois países é Cuba? Justifique sua resposta.

_____

_____

_____

b) Qual dos dois países é o Haiti? Justifique sua resposta.

_____

_____

_____

América do Sul

As unidades de relevo

Do ponto de vista físico, a América do Sul apresenta três tipos de relevo. Na porção leste, predominam planaltos sedimentares e cristalinos com altitudes moderadas, a exemplo do planalto Atlântico no Brasil e do planalto da Patagônia na Argentina.

A porção central é dominada por planaltos baixos, depressões e planícies, a exemplo da Planície do rio Amazonas e da depressão do Chaco. Já a porção oeste é marcada pela presença da cordilheira dos Andes, a mais extensa cadeia montanhosa do planeta, com altitudes superiores a 5 mil metros.

Clima e vegetação

A América do Sul apresenta diversos tipos de clima e, por sua vez, diferentes ecossistemas, configurando várias regiões geoecológicas. A primeira é a **Amazônia**, cuja área abrange parte dos territórios de Brasil, Guiana, Suriname, Guiana Francesa, Venezuela, Colômbia, Peru, Equador e Bolívia.

A região amazônica apresenta clima equatorial (quente e muito úmido) e relevo com predomínio de baixos planaltos, depressões e planícies fluviais. Ainda é, em grande medida, recoberta pela floresta amazônica, o ecossistema de maior biodiversidade do mundo e que está bastante ameaçada pelos desmatamentos e queimadas.

A cordilheira dos Andes domina a porção oeste. Nessa área, o clima é fortemente condicionado pela altitude. Os Andes são encontrados em parte dos territórios da Venezuela, Colômbia, Equador, Peru, Bolívia, Chile e Argentina. Os topos da cordilheira são recobertos por geleiras eternas. A vegetação varia conforme a altitude: nas proximidades do Equador, ocorre a floresta equatorial na base, a floresta temperada nas encostas com altitudes moderadas e, por fim, a vegetação herbácea (páramos) nas maiores altitudes. Outro tipo de vegetação herbácea são as punas que ocorrem nas elevadas altitudes da porção sul dos Andes. O desmatamento já ameaça as florestas das encostas andinas, especialmente no Chile e na Argentina.

Em parte da Venezuela e da Colômbia ocorrem baixos planaltos tropicais, drenados pela bacia do rio Orenoco e recobertos por savanas, denominadas de lhamos. Grande parte dessas savanas foi alterada pela atividade agropecuária.

As áreas costeiras do Peru e o norte do Chile são caracterizadas por desertos muito secos, com destaque para o deserto de Atacama. Outra região árida é a Patagônia, situada ao sul da Argentina, um planalto de clima desértico recoberto por vegetação arbustiva.

A porção central da América do Sul é dominada pelo Chaco, região que engloba parte dos territórios da Bolívia, do Paraguai e da Argentina. Essa área é caracterizada por planícies e depressões com clima que varia do tropical ao semiárido. A vegetação é marcada por florestas, cerrados e vegetação xerófila nas porções mais secas. A pecuária extensiva e os cultivos agrícolas já modificaram bastante a região.

A última região geoecológica sul-americana são os Pampas, área localizada em parte da Argentina, Uruguai e sul do Brasil. São formados por planaltos de baixa altitude e colinosos submetidos ao clima subtropical. A vegetação natural era dominada por campos (pradarias) e hoje está bastante modificada pela atividade agropecuária.

Chaco no Paraguai. Observa-se a vegetação na estação seca, por isso, muitas espécies são decíduas, isto é, perdem a folhagem para economizar água.

América do Sul – domínios geoecológicos

Deserto de Atacama.

Floresta Amazônica no Brasil.

Cordilheira dos Andes.

Geleira na Patagônia, Argentina.

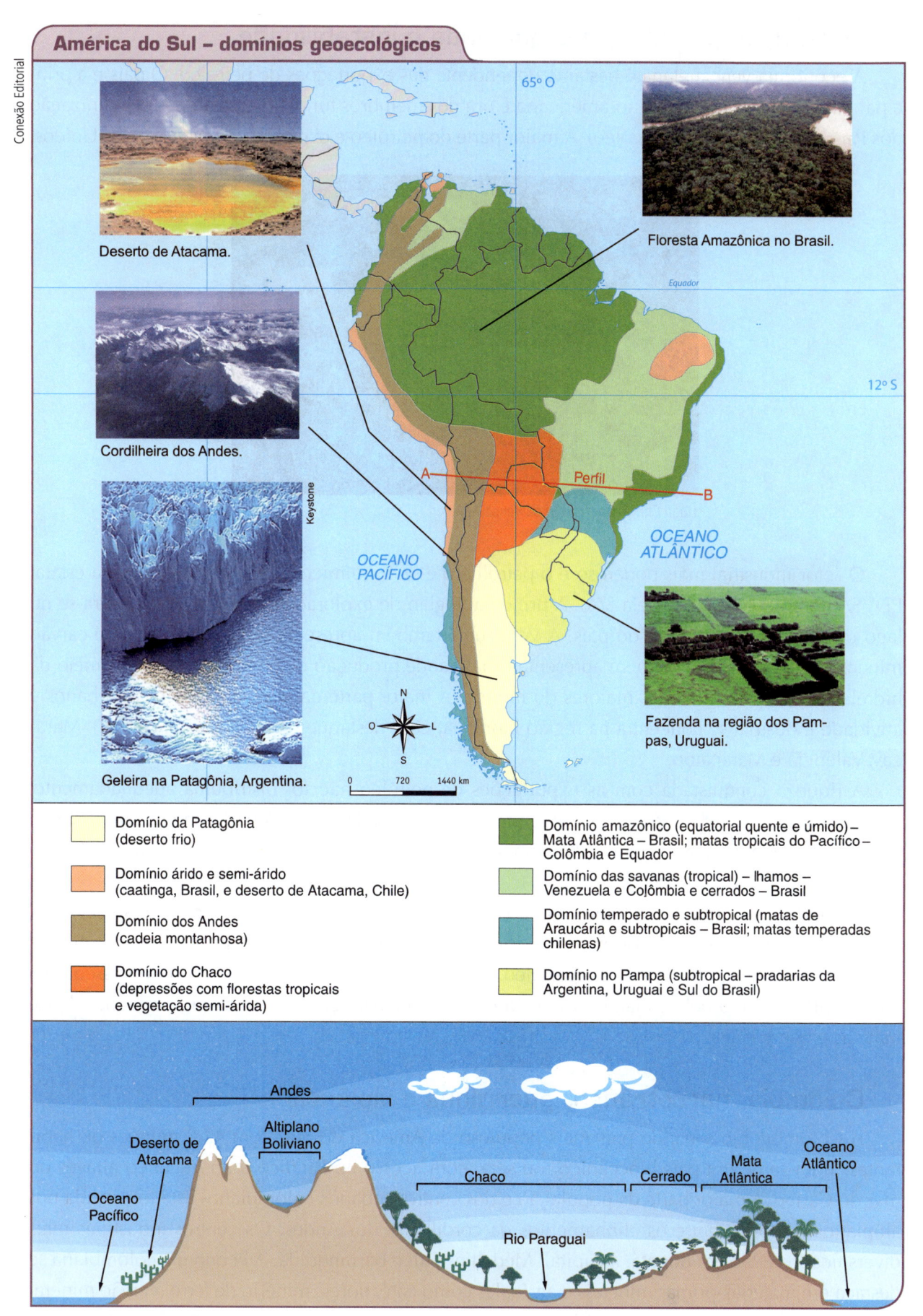

Fazenda na região dos Pampas, Uruguai.

Legenda:

- Domínio da Patagônia (deserto frio)
- Domínio árido e semi-árido (caatinga, Brasil, e deserto de Atacama, Chile)
- Domínio dos Andes (cadeia montanhosa)
- Domínio do Chaco (depressões com florestas tropicais e vegetação semi-árida)
- Domínio amazônico (equatorial quente e úmido) – Mata Atlântica – Brasil; matas tropicais do Pacífico – Colômbia e Equador
- Domínio das savanas (tropical) – lhamos – Venezuela e Colômbia e cerrados – Brasil
- Domínio temperado e subtropical (matas de Araucária e subtropicais – Brasil; matas temperadas chilenas)
- Domínio no Pampa (subtropical – pradarias da Argentina, Uruguai e Sul do Brasil)

Perfil A–B: Oceano Pacífico – Deserto de Atacama – Andes – Altiplano Boliviano – Chaco – Rio Paraguai – Cerrado – Mata Atlântica – Oceano Atlântico

Fonte: Com base em FERREIRA, Graça Maria Lemos. *Atlas geográfico espaço mundial*. São Paulo: Moderna, 2010.

Venezuela: petróleo, desigualdade e instabilidade

A economia venezuelana é bastante dependente das exportações de petróleo. O país é a principal economia petrolífera latino-americana e um dos membros fundadores da Opep (Organização dos Países Exportadores de Petróleo). A maior parte do petróleo é exportada para os Estados Unidos.

Hugo Chávez, presidente da Venezuela.

O setor industrial mais poderoso é o petrolífero e petroquímico, liderado pela empresa estatal PDVSA (Petróleos de Venezuela S/A). A principal região de exploração de petróleo encontra-se no lago de Maracaibo, noroeste do país. A Venezuela também apresenta grandes reservas de carvão mineral, bauxita e ferro. Também apresenta uma grande produção de energia elétrica por meio da hidrelétrica de Guri, uma das maiores do mundo. A maior parte da população, centros urbanos e atividade industrial se concentra na região litorânea, com destaque para Caracas (a capital), Maracay, Valência e Maracaibo.

A riqueza conquistada com as exportações de petróleo não foi distribuída adequadamente, visto que apenas 4% da população concentra mais de 40% da renda. A partir da década de 1990, a situação econômica foi se agravando com a crescente dívida externa, instabilidade no setor bancário e aumento da pobreza.

Em termos geopolíticos, a Venezuela apresenta alguns problemas fronteiriços e disputas territoriais com seus vizinhos. Ocorrem divergências na delimitação de fronteiras com a Colômbia no Golfo da Venezuela, região rica em petróleo. O país também reivindica o território de Essequibo, atualmente ocupado pela Guiana. Com o Brasil, a Venezuela tem intensificado as relações diplomáticas e comerciais.

Colômbia: narcotráfico, guerrilhas e violência

A Colômbia é o segundo país mais populoso da América do Sul, com 42,8 milhões de habitantes. Trata-se de um país bioceânico, ou seja, com acesso ao Pacífico e ao Atlântico através do mar do Caribe. A maior parte da população e dos centros urbanos colombianos está localizada nos altiplanos dispostos entre os alinhamentos da cordilheira dos Andes. Os centros industriais mais diversificados estão em Bogotá, a capital, Medellín, Cali e Barranquilla. A economia colombiana se destaca em matérias-primas minerais e agrícolas como café, flores, minério de ferro, carvão mineral e pedras preciosas como as esmeraldas.

O país enfrenta gravíssimos problemas sociais e políticos. Trata-se do principal centro de comando do narcotráfico na América Latina e Caribe, com ramificações no Peru, Bolívia e Panamá. Nesses países, produz-se a coca, matéria-prima para o processamento de drogas como a cocaína e o craque. Estima-se em mais de 3,5 bilhões de dólares a movimentação financeira do narcotráfico, lucro muito superior às exportações de café. O narcotráfico apresenta uma infraestrutura sofisticada com laboratórios, armazéns, aeroportos, além de grupos fortemente armados para garantir a segurança.

Na Colômbia, também atuam duas guerrilhas de esquerda (ideologia socialista). A maior delas são as Farc-EP (Forças Armadas Revolucionárias da Colômbia – Exército do Povo). A outra guerrilha esquerdista é a ELN (Exército de Libertação Nacional). Essas guerrilhas controlam grande parte do território colombiano, empreendem sequestros e atentados terroristas contra o governo e empresários. As guerrilhas cooperam com o narcotráfico. Garantem segurança aos traficantes e camponeses que cultivam coca em troca de recursos para a compra de equipamentos e armas.

Guerrilheiros das Farc.

Também atuam no país grupos paramilitares de extrema direita, a exemplo das UAC (Unidades de Autodefesa da Colômbia), que lutam contra as guerrilhas esquerdistas. O combate ao narcotráfico e às guerrilhas é tarefa das forças armadas colombianas, que muitas vezes são sobrepujadas pelo poderio militar das guerrilhas e do narcotráfico.

O narcotráfico detém expressiva influência econômica e política no país. Sabe-se que muitos políticos são eleitos com recursos financeiros provenientes do narcotráfico, além da influência no poder judiciário. Os Estados Unidos estão dando ajuda financeira e assessoria militar para os colombianos combaterem o narcotráfico e as guerrilhas por meio do Plano Colômbia.

Equador e Peru

As economias peruana e equatoriana também apresentam forte dependência em relação a matérias-primas agrícolas e minerais. O Equador destaca-se na agricultura comercial para exportação com destaque para a produção de banana, cacau, petróleo e gás natural.

O Peru já apresenta uma pauta de exportações mais diversificada. Graças a presença da corrente marinha fria de Humboldt, a costa peruana é rica em cardumes de peixes. Com isso, o país se tornou um dos maiores produtores de pescado e farinha de peixe do mundo. O país também exporta recursos minerais e energéticos como cobre, manganês, prata, chumbo, ouro, zinco e petróleo. A incipiente atividade industrial peruana concentra-se na árida faixa litorânea, com destaque para Lima (capital) e Calao (cidade portuária).

Tal como na Colômbia, no Peru surgiram guerrilhas de esquerda que atuavam contra o governo. Esses grupos surgiram da insatisfação popular de mestiços e indígenas contra a situação de miséria e discriminação racial na qual se encontravam. Na década de 1990, o governo liderado pelo então presidente Alberto Fujimori, conseguiu debelar as duas guerrilhas de esquerda que atuavam no país, o Sendero Luminoso e a Tupac Amaru.

Atividade pesqueira no Peru.

Considerando a geopolítica regional, as relações entre Peru e Equador estiveram estremecidas especialmente na década de 1990. Os dois países disputavam o controle do território fronteiriço da cordilheira do Condor. O conflito foi resolvido com um acordo de paz intermediado pelos governos do Brasil, Argentina, Chile e Estados Unidos. A partir do tratado de paz, a região se transformou em uma reserva ecológica administrada pelos dois países e o Equador conquistou o direito de utilizar alguns rios da região para navegação.

Bolívia e Paraguai

Bolívia e Paraguai estão entre os países mais pobres da América do Sul. Apresentam economias pouco desenvolvidas. São dois países interiores, isto é, não apresentam saída direta para o oceano, situação geográfica que dificulta o comércio exterior. A Bolívia depende de portos chilenos e peruanos, enquanto o Paraguai utiliza portos brasileiros.

A mineração é um setor estratégico na economia boliviana com destaque para a exploração da cassiterita (minério de estanho) e do gás natural. O gás é exportado para o Brasil por meio do gasoduto Brasil-Bolívia.

A economia paraguaia é basicamente agropecuária, sobressaindo-se na produção de algodão, soja e carne bovina. O Paraguai estabeleceu uma zona de livre comércio na Cidade do Leste, localizada na região da tríplice fronteira com o Brasil e a Argentina. Os "sacoleiros" brasileiros são os principais consumidores e, por vezes, compram muito além das cotas estabelecidas pelo governo brasileiro. O contrabando é generalizado e a fiscalização deixa a desejar.

Nos anos 2000, os indígenas e as camadas mais pobres da população boliviana aumentaram sua influência política na Bolívia com a eleição do indígena Evo Morales para presidente. Morales empreendeu um governo nacionalista e estatizou a exploração de gás natural e petróleo no país, prejudicando multinacionais como a brasileira Petrobrás.

No Paraguai, ascendeu ao poder o presidente nacionalista Fernando Lugo. Sua principal reivindicação foi o aumento do preço da energia elétrica de Itaipu vendida para o Brasil, que foi atendida pelo governo brasileiro. Fernando Lugo foi deposto por impeachment em junho de 2012.

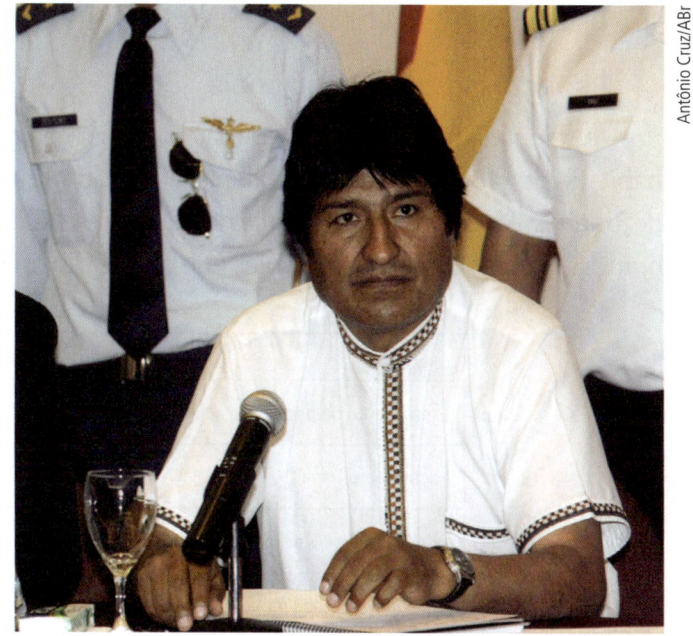

Evo Morales, presidente da Bolívia.

Chile e Uruguai

Chile e Uruguai estão entre os países com melhor qualidade de vida entre os latino-americanos. O pequeno Uruguai já foi considerado a "Suíça sul-americana", com uma população de apenas 3,4 milhões de habitantes. Após o regime militar que dominou a década de 1970 e durou até 1984, o país atravessou um processo calmo de redemocratização. Desprovido de recursos minerais significativos, a economia uruguaia é baseada numa agropecuária de excelente qualidade e vinculada à indústria alimentícia e têxtil. O país destaca-se na produção de trigo, soja, lã, carne bovina e laticínios (derivados de leite).

O Chile apresenta um território extenso no sentido norte-sul e bastante estreito no sentido leste-oeste. O norte é dominado pelo deserto do Atacama. A porção central é caracterizada pelo clima mediterrâneo (verão seco e inverno chuvoso). O sul é dominado pelo temperado frio. Na porção central concentra-se a maior parte da população. Destacam-se na atividade industrial as cidades de Santiago e São Bernardo. O principal porto localiza-se em Valparaíso. A cidade de Viña del Mar é o principal balneário turístico. Apresenta uma economia muito eficiente na exportação de cobre, pescado e frutos do mar, uva e vinho.

Santiago, capital do Chile, com os Andes ao fundo.

51

A Argentina

Aspectos gerais e regionais

A Argentina é o segundo maior país da América do Sul, com um território de 2,7 milhões de km², habitado por 40,2 milhões de habitantes. Cerca de 12 milhões se concentram na região metropolitana de Buenos Aires, o principal centro econômico, político e cultural. Cerca de 85% da população é branca e descendente de imigrantes europeus, principalmente espanhóis e italianos.

Argentina – indicadores sociais	
Crescimento da população (% a cada ano)	0,9
População urbana (% da população)	92,2
Alfabetização (% acima de 15 anos de idade)	97,6
Expectativa de vida (em anos)	75,0
Mortalidade infantil (em cada mil nascidos até 1 ano de idade)	13,7
Acesso a rede de esgotos (% dos domicílios)	91,0
Número de computadores pessoas (a cada 100 habitantes)	9,7

Fonte: IBGE.

O país apresenta fortes disparidades regionais com áreas bastante desenvolvidas e regiões pouco povoadas e pobres. A região mais importante é o Pampa, que conta com a presença da Província de Buenos Aires. Concentra mais de 80% da população, a maior parte da atividade industrial e uma agropecuária moderna e de alta produtividade. O grande destaque da Argentina no mercado internacional está na exportação de produtos agropecuários e agroindustriais. Destaca-se a produção de trigo, soja, açúcar e frutas temperadas (maçã e uva), a pecuária de corte voltada para a produção de carne e a pecuária leiteira.

Entre os rios Paraná, Paraguai e Uruguai situa-se a região da Mesopotâmia Argentina, formada pelas províncias de Entrerios, Corrientes e Missiones. A região apresenta excelente produção de arroz e chá.

O norte argentino é dominado pelo Chaco, uma região pouco desenvolvida do ponto de vista econômico, com destaque para o extrativismo vegetal, o cultivo do algodão e a pecuária bovina extensiva.

Pecuária bovina no Pampa argentino.

Ao sul, localiza-se a Patagônia, uma região planáltica, árida, fria e pouquíssimo povoada. Destaca-se na pecuária ovina voltada para a produção de lã e carne. A região também concentra a exploração de petróleo e gás natural nas imediações da localidade de Comodoro Rivadavia. Junto aos rios Colorado e Negro, que nascem nos Andes, há uma expressiva fruticultura irrigada com excelente produção de uva e uma das indústrias vinícolas mais desenvolvidas do mundo. A região da cordilheira dos Andes também é pouco povoada e destaca-se na exploração mineral e florestal. Tanto a Patagônia quanto a região andina são regiões que atraem um grande número de turistas estrangeiros.

Fonte: Com base em FERREIRA, Graça Maria Lemos. *Atlas geográfico espaço mundial*. São Paulo: Moderna, 2010.

Geopolítica

Historicamente, a Argentina tem apresentado problemas com a maioria dos seus vizinhos fronteiriços. Até a década de 1980, o país tentava disputar com o Brasil o papel de potência regional na América do Sul, procurando ampliar sua influência no Uruguai, Paraguai e Bolívia. A disputa por hegemonia coincidia com a vigência de ditaduras militares nos dois países. Com o fim dos regimes ditatoriais, a implantação de democracias e a criação do Mercosul, os dois países se aproximaram do ponto de vista econômico e político. Na atualidade, grande parte das exportações argentinas se destina ao "grande irmão do norte", o Brasil. A cooperação superou grande parte da rivalidade entre os dois países.

As relações com o Chile também foram problemáticas. Até pouco tempo, os dois países tinham litígios territoriais na região andina e no extremo sul. A principal disputa territorial envolvia o controle de três ilhas, Picton, Lennox e Nueva, localizadas no canal de Beagle, nas proximidades da Terra do Fogo (ilha dividida entre os dois países). Os governos chileno e argentino já assinaram um tratado de paz que resolveu as divergências em relação a esses territórios.

ATIVIDADES

1 Cite dois problemas da Venezuela.

_____
_____
_____
_____
_____
_____
_____

2 Redija um texto dando sua opinião e relacionando os seguintes termos: violência, governo, terrorismo, narcotráfico, Colômbia e Farc.

_____
_____
_____
_____
_____
_____
_____
_____
_____

3 As economias de Equador, Peru, Bolívia e Chile ainda dependem bastante da exportação de recursos minerais e agrícolas? Justifique sua resposta.

_____
_____
_____
_____
_____
_____
_____
_____

4 No caso chileno, é possível afirmar que os Estados Unidos tiveram influência na implantação da ditadura militar em 1973?

5 Escreva um texto relacionando corretamente os seguintes termos: Argentina, desigualdade regional, Patagônia, Chaco e Pampa.

6 A seguir, são apresentadas duas pirâmides etárias. Identifique a pirâmide da Bolívia e a pirâmide de Cuba. Justifique sua escolha.

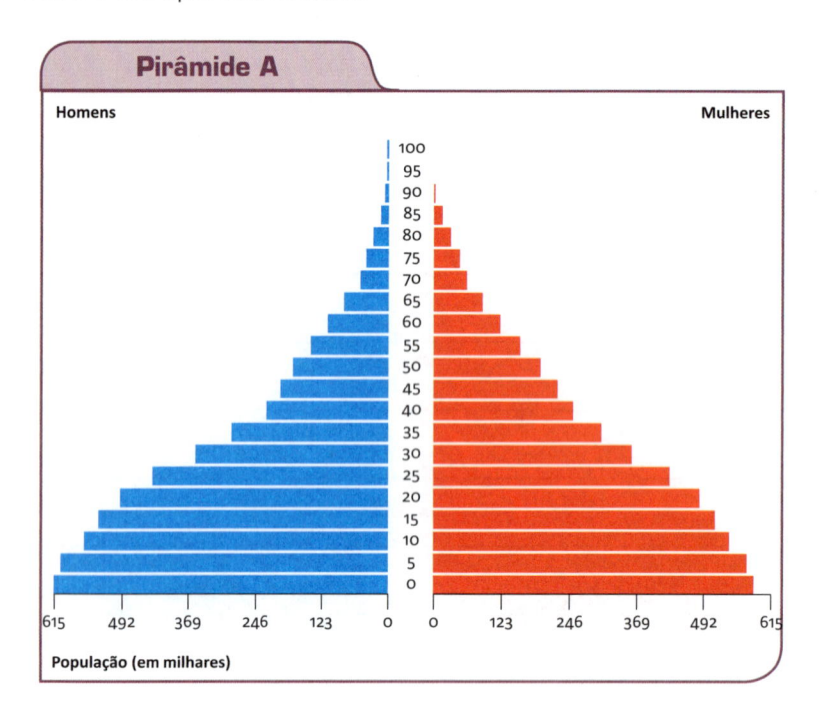

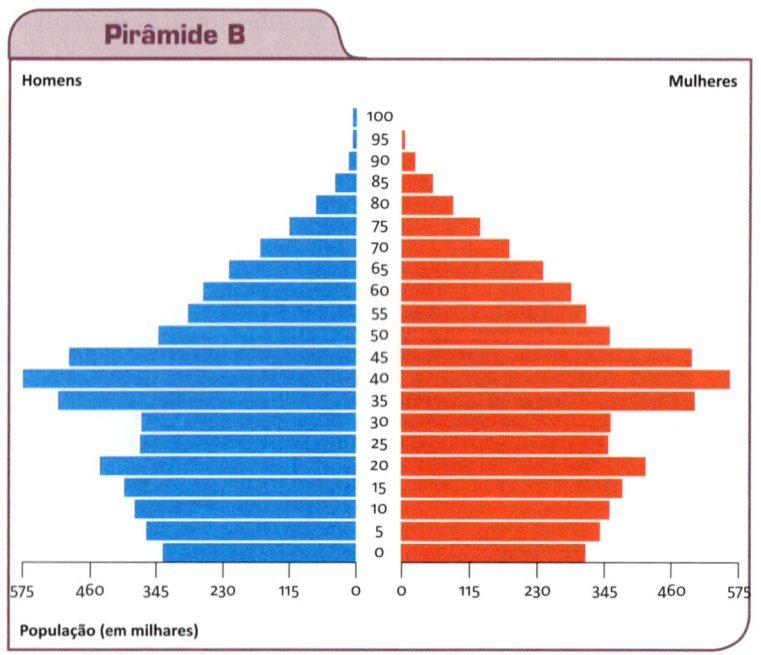

Pirâmide A

Pirâmide B

Fonte: Census Bureau, International Data Base.

7 Produza um texto sobre as diferentes atividades econômicas desenvolvidas nos países latino-americanos a partir da interpretação das fotos a seguir.

Indústria na Argentina.

Turismo em Machu Picchu, Peru.

Produção de café, Costa Rica.

Exploração de petróleo, Venezuela.

_____
_____
_____
_____
_____
_____
_____
_____
_____
_____

57

Capítulo 3

CONTINENTE EUROPEU: ASPECTOS FÍSICOS E PROBLEMAS AMBIENTAIS

Possivelmente, você já deve ter ouvido falar da Europa. Mas, do ponto de vista físico, a Europa é um continente? E do ponto de vista cultural? Você sabe onde se localiza a Europa? Quais são as características físicas deste continente? Os países europeus já resolveram seus problemas ambientais?

Ao observarmos o mapa-múndi, podemos constatar que a Europa está ligada à Ásia de maneira contínua, tal qual uma grande península. Então, do ponto de vista físico, a Europa não é um continente. Fisicamente, Europa e Ásia formam a Eurásia.

Porém, quando estudamos os povos, os costumes e as religiões, percebemos diferenças.

Embora menor do que a Ásia, América e África, a Europa apresenta diversas características físicas e apresenta grandes desafios a superar quanto ao meio ambiente. Vamos começar a desvendar a Europa do ponto de vista físico e ambiental.

Os Alpes marcam a paisagem de vários países europeus e constituem importante centro turístico e de prática de esportes como o alpinismo e esqui.

A Ocupação do espaço europeu e o meio ambiente

O continente europeu tem 10 349 915 milhões de km². Na Europa, ocorre a predominância da civilização ocidental, cuja origem está nas culturas grega e romana, influenciada pelo cristianismo católico e protestante. Essa cultura também é dominante em diversas áreas colonizadas pelos europeus, sobretudo na América e na Oceania.

Conforme o mapa a seguir, podemos dividir a Europa em dois conjuntos de países, a Europa desenvolvida ou Ocidental, onde a maioria da população apresenta alta qualidade de vida, e a Europa subdesenvolvida ou Oriental, composta por países que apresentam maiores dificuldades econômicas, sociais e políticas.

A Europa apresenta a segunda maior densidade demográfica entre os continentes, com cerca de 71,87 habitantes por km², atrás apenas do continente asiático. Em decorrência dessa expressiva concentração de população, elevada urbanização e notável industrialização, o meio ambiente europeu sofreu graves modificações. Entre os problemas mais graves encontra-se o desmatamento e a poluição em diversos países.

Europa – divisão política e socioeconômica

Fonte: IBGE. *Atlas Geográfico Escolar*. Rio de Janeiro: IBGE, 2009.

Relevo

Na área que compreende a Europa Ocidental, o Leste Europeu, a Rússia e a Ásia Central, podemos encontrar três tipos de relevo. O primeiro tipo é representado por cadeias montanhosas jovens e elevadas (dobramentos modernos). Ou seja, montanhas de elevada altitude e, relativamente jovens, visto que começaram a se formar por volta de 40 milhões de anos atrás na Era Cenozoica (período terciário).

São cordilheiras montanhosas recobertas por neves e terra. Os exemplos mais conhecidos são: os Alpes (parte da Itália, França, Suíça e Áustria), os Apeninos (Itália), os Bálcãs (parte da Grécia, Macedônia, Sérvia e Bulgária), os Cárpatos (parte da Romênia), os Pireneus (fronteira entre França e Espanha) e o Cáucaso (parte da Geórgia, Armênia, Azerbaijão e Rússia).

O segundo tipo de relevo é constituído por planaltos e cadeias montanhosas antigas cujas superfícies já estão bastante desgastadas pela erosão. Os exemplos mais conhecidos são os Alpes Escandinavos (parte da Noruega e Suécia), o Maciço Central francês (parte da França) e os Montes Urais (parte da Rússia).

Os Montes Urais, juntamente com o rio Ural e o Mar Cáspio, são utilizados para demarcar a fronteira entre os continentes europeu e asiático. Esses maciços montanhosos são ricos em recursos minerais, como é o caso do minério de ferro no norte do território sueco (região da Lapônia).

O terceiro tipo é formado por baixos planaltos e planícies distribuídos por vários países. As maiores extensões de planícies estão na Rússia, Alemanha, Polônia e Hungria. Parte dessas áreas localiza-se sobre bacias sedimentares, algumas delas ricas em carvão mineral. O relevo aplanado também favoreceu o desenvolvimento da agropecuária em diversos países da Europa Ocidental.

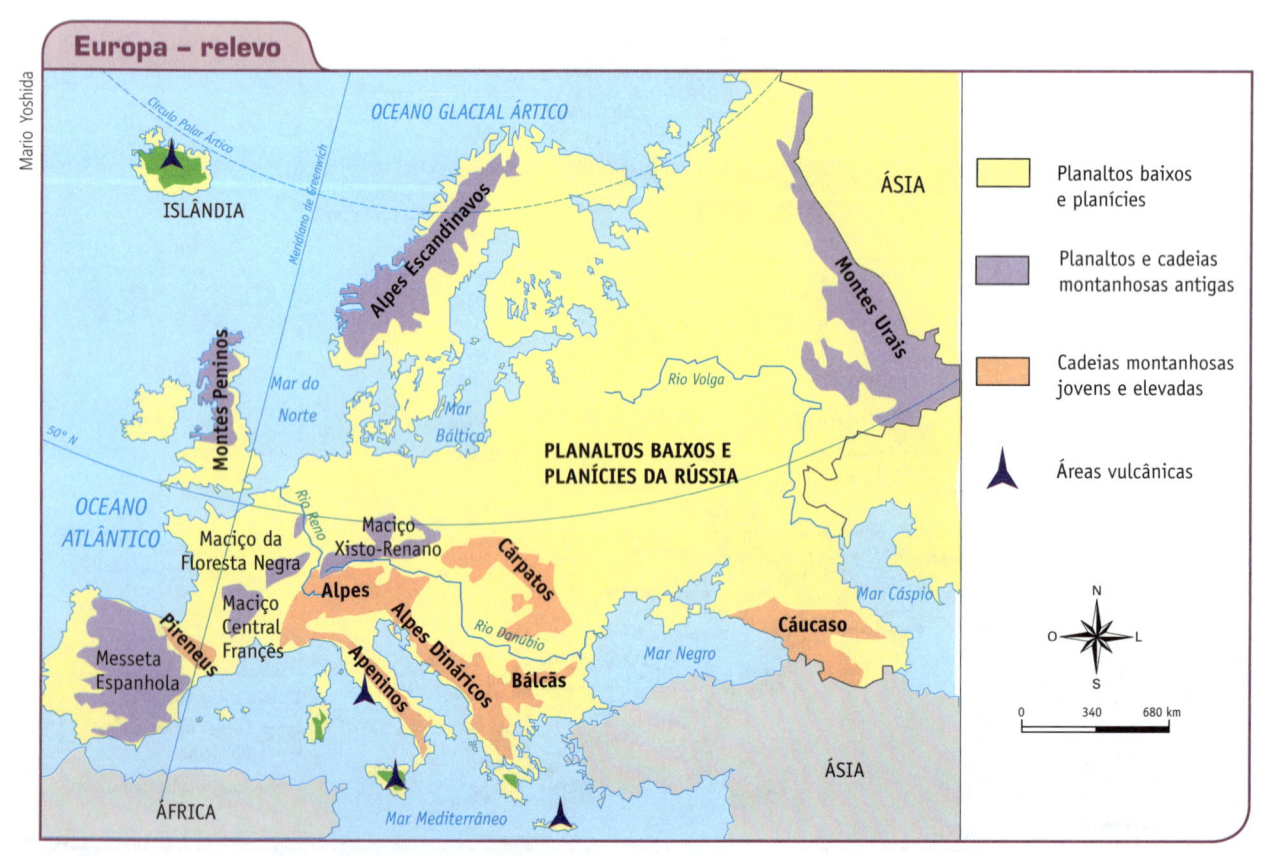

Fonte: Com base em BARRETO, Mauricio. *Atlas Escolar Geográfico*. São Paulo: Escala Educacional, 2008.

Litoral

O litoral europeu é bastante sinuoso. Isso decorre do expressivo número de reentrâncias formadas por mares, baías, penínsulas e fiordes. Essas características facilitaram a instalação de cidades, balneários, portos e marinas, alterando os ecossistemas litorâneos.

As penínsulas mais importantes são a Ibérica (Portugal e Espanha), a Balcânica (Grécia, Albânia, Bulgária, Sérvia, Montenegro, entre outros), a Escandinava (Suécia e Noruega) e a Jutlândia (Dinamarca).

Rios

Os rios europeus apresentam formidável importância econômica, visto que se tornaram hidrovias para o escoamento de mercadorias e pessoas. Assim, integraram o território de vários países e incentivaram o comércio.

Na Europa Ocidental, o rio mais importante é o Reno que nasce nos Alpes suíços, banha o território do pequeno Liechtenstein e segue ao longo da fronteira entre a França e a Alemanha. Em seu curso final, passa pela Holanda, despejando suas águas no Mar do Norte. O Reno atravessa uma região bastante urbanizada e industrializada, constituindo importante hidrovia para o escoamento de mercadorias até o porto de Roterdã, localizado nas proximidades de sua foz.

Europa – rios e litoral

Fonte: IBGE. *Atlas Geográfico Escolar*. Rio de Janeiro: IBGE, 2009.

Também apresenta grande importância o rio Danúbio que banha o território de nove países europeus: Alemanha, Áustria, Eslováquia, Hungria, Croácia, Sérvia, Bulgária, Romênia e Ucrânia. Desse modo, esse rio é fundamental na interligação entre as nações da Europa Ocidental e os países do Leste Europeu.

Relevantes obras de engenharia modificaram a hidrografia europeia, entre as quais destaca-se o canal que liga os rios Danúbio e Reno através do rio Meno, incentivando o transporte aquaviário.

Rio Danúbio em Budapeste, Hungria.

O maior rio do continente europeu é o Volga. Localizado na Rússia, possui 3 590 Km de extensão, sendo vital na atividade pesqueira e como hidrovia, interligando várias regiões da Rússia ao Mar Cáspio onde deságua.

O problema da poluição atinge vários rios e o litoral da Europa. Os rios Reno, Danúbio e Volga estão entre os atingidos por poluição em diversos trechos. Na zona costeira, são graves os casos de emissões de resíduos industriais e domésticos, além de eventuais acidentes com derrames de óleo de petroleiros.

Você sabia?

Eurotúnel

A integração econômica entre os países europeus tem impulsionado a construção de obras no setor de transportes que estão rompendo os obstáculos do relevo e das águas. Um dos exemplos foi a construção do Eurotúnel na década de 1990, implantado abaixo do canal da Mancha e unindo a França ao Reino Unido. O eurotúnel intensifica o transporte de mercadorias e pessoas entre o Reino Unido e os países continentais da Europa.

Eurotúnel.

Eurotúnel

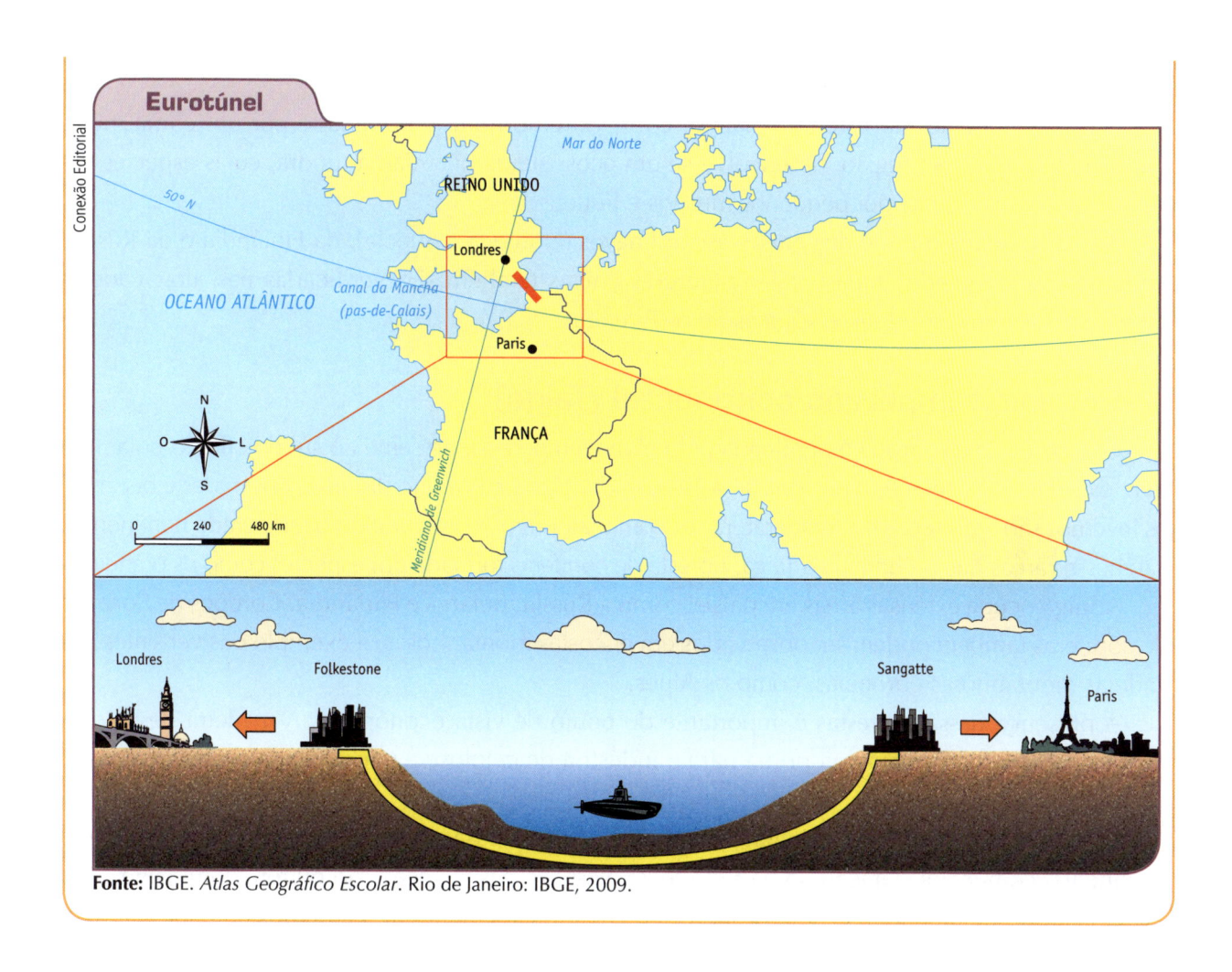

Fonte: IBGE. *Atlas Geográfico Escolar*. Rio de Janeiro: IBGE, 2009.

Europa: clima e ecologia

A Europa, Rússia e Ásia Central localizam-se ao norte do Trópico de Câncer. Essas áreas ficam entre as zonas temperada e fria. Desse modo, ocorre a predominância de climas com temperaturas médias e baixas.

O continente europeu apresenta expressiva diversidade de paisagens. A variação de temperatura, a desigual distribuição da chuva e o relevo variado resultaram em vários tipos de clima, de solo e de vegetação. Desse modo, podemos identificar grandes domínios ambientais. Observe o mapa abaixo:

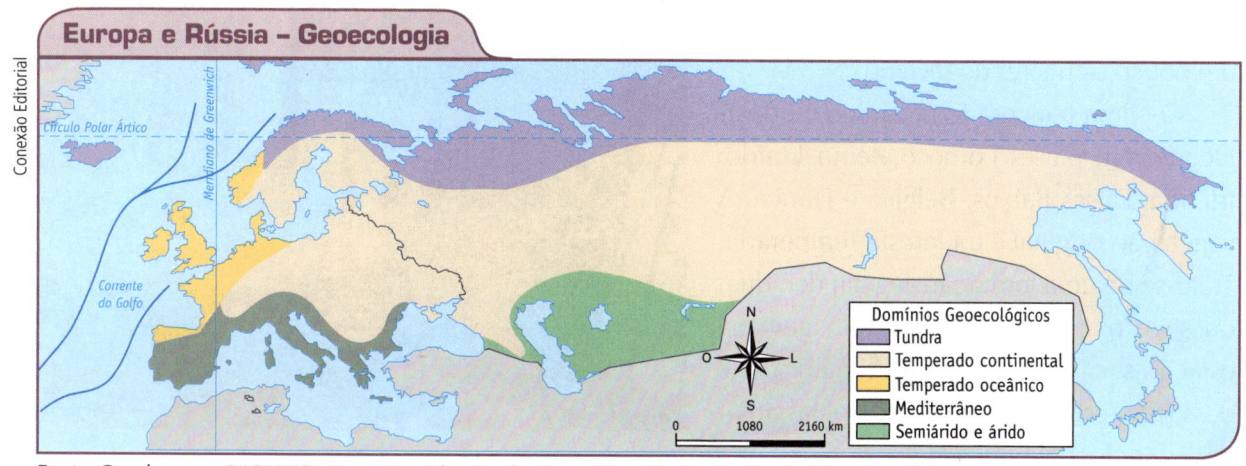

Europa e Rússia – Geoecologia

Domínios Geoecológicos
- Tundra
- Temperado continental
- Temperado oceânico
- Mediterrâneo
- Semiárido e árido

Fonte: Com base em BARRETO, Mauricio. *Atlas Escolar Geográfico*. São Paulo: Escala Educacional, 2008.

Domínio subpolar (Tundra)

Nas proximidades do Círculo Polar Ártico, o extremo norte é dominado por um clima muito frio, o subpolar. Nessa região, desenvolve-se um ecossistema peculiar, a tundra, cujas espécies vegetais são representadas por pequenos musgos e líquens.

A tundra ocupa o norte dos países escandinavos (Noruega e Suécia), da Finlândia e da Rússia, onde apresenta grande extensão. Temperaturas baixas também são verificadas nas altas cadeias montanhosas como os Alpes, o Cáucaso e os Pireneus.

Domínio temperado continental (Taiga)

Grande parte da Europa é dominada pelo clima temperado, presente ao sul do círculo polar. Porém, existem dois diferentes tipos de clima temperado. Nas áreas muito distantes dos mares e oceanos, os invernos são mais secos e a temperatura cai com maior rigor, configurando o temperado continental. São nessas áreas que predomina a Taiga, floresta de coníferas formada por espécies como os pinheiros.

A Taiga ocupa extensas áreas em países como a Rússia, Belarus e Finlândia. Cordões de florestas de coníferas também podem ser observados em encostas montanhosas, a exemplo das vertentes das cadeias montanhosas europeias, como os Alpes.

A presença dessas florestas é importante do ponto de vista econômico. A madeira dessas florestas é utilizada como matéria-prima para a indústria de celulose e papel em países como Rússia, Finlândia e Áustria.

Em parte dos territórios da Moldávia, Ucrânia, Rússia e Casaquistão vigora um clima temperado continental com maior duração do período seco. Nessas áreas, a vegetação outrora dominante era a estepe (campo ou pradaria). O solo desta região é extremamente fértil, o *tchernozion*. Esse solo tem coloração escura em decorrência de uma espessa camada de matéria orgânica decomposta. Toda essa fertilidade estimulou a expansão do cultivo de cereais, como o trigo, especialmente na Ucrânia.

Domínio temperado oceânico (Floresta Temperada)

A costa atlântica europeia é marcada pela influência da corrente marinha do Golfo, oriunda da zona intertropical. Esta corrente é quente e tangencia o litoral europeu, inclusive as Ilhas Britânicas. A corrente do Golfo faz elevar a temperatura, amenizando um pouco os rigores do inverno.

O clima temperado oceânico é prevalecente em países como o Reino Unido, Irlanda, Países Baixos, Bélgica e França. A vegetação original é a Floresta Temperada. Trata-se de uma formação vegetal decídua, ou seja, planta que perde a folhagem na estação seca ou no inverno. A maior parte dessas florestas já foi devastada pelas atividades socioeconômicas.

Floresta temperada na Europa.

Domínio mediterrâneo

A porção meridional da Europa é a que apresenta as temperaturas mais elevadas. Nela vigora o clima mediterrâneo. Os verões são quentes e secos, visto que predominam ventos secos (siroco) oriundos do deserto do Saara, situado no norte da África. Os invernos são chuvosos e com temperatura mais baixa.

A vegetação natural da região está bastante modificada. Trata-se de uma formação vegetal arbustiva, o maquis e garrigue. A região apresenta árvores típicas como o sobreiro e a oliveira. Dos troncos do sobreiro é retirada a cortiça, matéria prima para a produção de rolhas para bebidas como o vinho. Portugal é o maior exportador mundial.

Da oliveira, muito cultivada na região mediterrânea, aproveita-se a azeitona e, por sua vez, o azeite. A Grécia é a maior exportadora mundial de azeite. Os países mediterrâneos também são grandes produtores de uva e vinho. O clima mediterrâneo distribui-se por parte dos territórios da Grécia, Malta, Itália, Espanha, Portugal e França.

O desastre no Mar de Aral

No período em que estiveram sobre o domínio da União Soviética (1917-1991), as repúblicas da Ásia Central como o Casaquistão e o Usbequistão foram submetidas a modificações ambientais promovidas por um governo autoritário e pouco preocupado com o meio ambiente.

Como a Ásia Central é uma região com clima árido, o governo ordenou a transposição da maior parte das águas dos dois maiores rios da região, o Amu Daria e o Syr Daria para projetos de irrigação. O objetivo era viabilizar a cotonicultura (cultivo do algodão).

Entretanto, os dois rios eram importantes afluentes responsáveis pelo abastecimento de água do Mar de Aral. O impacto ambiental foi calamitoso, pois o Mar de Aral começou a secar em decorrência da excessiva evaporação e das poucas chuvas na região.

Ao longo do tempo, a evaporação e a pouca água conduziram ao aumento da salinidade das águas. A fauna aquática não resistiu e foi extinta quase por completo. Muitas famílias que dependiam da pesca foram arruinadas.

Ressecamento do mar de Aral com navios abandonados.

Porém, outro desastre já acontecia a poucos quilômetros do Mar de Aral. O uso excessivo de fertilizantes e agrotóxicos começou a contaminar a água e o solo das regiões irrigadas. O excesso de irrigação associado à evaporação promoveu a concentração exagerada de sal, ou seja, a salinização dos solos. O resultado foi que diversas áreas tornaram-se imprestáveis para a agricultura. Na atualidade, o Mar de Aral já se dividiu em duas partes, a previsão é de que uma delas desaparecerá em breve.

> **Você sabia?**

Lama vermelha na Hungria corre para o rio Danúbio e ameaça causar catástrofe ecológica

Uma onda de lama vermelha tóxica que vazou de uma refinaria cobriu cidades na Hungria (Outubro de 2010), matando ao menos quatro pessoas e ameaçando provocar uma catástrofe ecológica ao correr em direção ao rio Danúbio, um dos principais da Europa.

Ontem, um depósito de uma refinaria em Ajka (160 km a oeste de Budapeste) se rompeu por razões ainda desconhecidas, e cerca de 700 mil metros cúbicos de resíduos tóxicos foram espalhados pela região de Kolontar e outras duas vilas.

O vazamento carregou carros nas ruas, danificou casas e pontes, e levou cerca de 400 moradores a deixarem a região. Entre os quatro mortos está ao menos uma criança, de 3 anos. Seis pessoas estão desaparecidas e 120 ficaram feridas – duas em estado grave –, a maioria com queimaduras e irritação nos olhos causada por chumbo e outros elementos corrosivos presentes na lama vermelha. Muitos animais também morreram.

Acidente ambiental na Hungria, lama vermelha de indústria de alumínio, outubro de 2010.

Este é o acidente químico mais grave da história da Hungria, afirmou o secretário de Estado do ministério do Meio Ambiente, Zoltan Illés, que visitou Kolontar, uma das cidades afetadas. "O vazamento de lama vermelha é uma catástrofe ecológica."

O governo decretou estado de emergência em três Departamentos (Estados) – Veszprém, Gyor-Moson-Sopron e Vas. Testes mostraram que não há perigo de radiação na área atingida, disse o premier húngaro em entrevista coletiva.

A lama vermelha é um resíduo do processo de transformação da bauxita em alumina, matéria-prima para a fabricação do alumínio. A produção de uma tonelada de alumínio gera quase três toneladas de lama vermelha.

"A substância espessa e altamente alcalina tem um efeito cáustico na pele. A lama contém metais pesados, como chumbo, e é levemente radioativa. Inalar sua poeira pode causa câncer de pulmão", informa a Unidade de Desastres Naturais da Hungria em seu *site*. A unidade recomendou às pessoas limpar a lama com água para neutralizar a substância.

Fonte: BARRETO, Mauricio. *Novo Atlas Geográfico*. São Paulo: Escala Educacional, 2006.

O incidente desta semana ameaça ultrapassar os estragos ambientais causados há dez anos, quando enormes quantidades de cianureto vazaram de um reservatório de uma mina de ouro, em uma cidade romena perto da fronteira com a Hungria, e caíram no rio Danúbio e em outros quatro rios menores, matando animais e plantas. A Romênia, a então Iugoslávia e a Ucrânia também foram afetadas.

O primeiro-ministro da Hungria, Viktor Orban, disse nesta terça-feira que o vazamento pode ter sido causado por falha humana, já que não há sinais de causas naturais.

"Não sabemos de nenhum sinal que indique que o desastre tenha causas naturais", disse Orban. "E se um desastre não tem causas naturais, então pode ser considerado um desastre causado por pessoas. Suspeitamos que esse possa ser o caso."

Segundo o premier, a refinaria foi inspecionada duas semanas antes e nenhuma irregularidade foi encontrada.

Representantes de organizações industriais em Londres e nos EUA não souberam explicar como as vítimas na Hungria foram queimadas com o material, alegando que, se apropriadamente armazenado, ele não é perigoso. (...)

Disponível em: <http://www1.folha.uol.com.br/mundo/810346-lama-vermelha-na-hungria-corre-para-o-rio-danubio-e-ameaca--causar-catastrofe-ecologica.shtml>. Acesso em: jul. 2012.

ATIVIDADES

1 Do ponto de vista físico, a Europa pode ser considerada um continente? Por quê?

2 Que critério é utilizado para separarmos a Europa da Ásia? Explique.

3 Em um percurso de Madri (Espanha) até Roma (Itália), quais são as cadeias montanhosas que podem ser avistadas no trajeto? Utilize um mapa de relevo para responder esta questão.

4 Produza um texto a partir da interpretação do perfil geoecológico apresentado a seguir. Procure relacionar clima, vegetação e relevo.

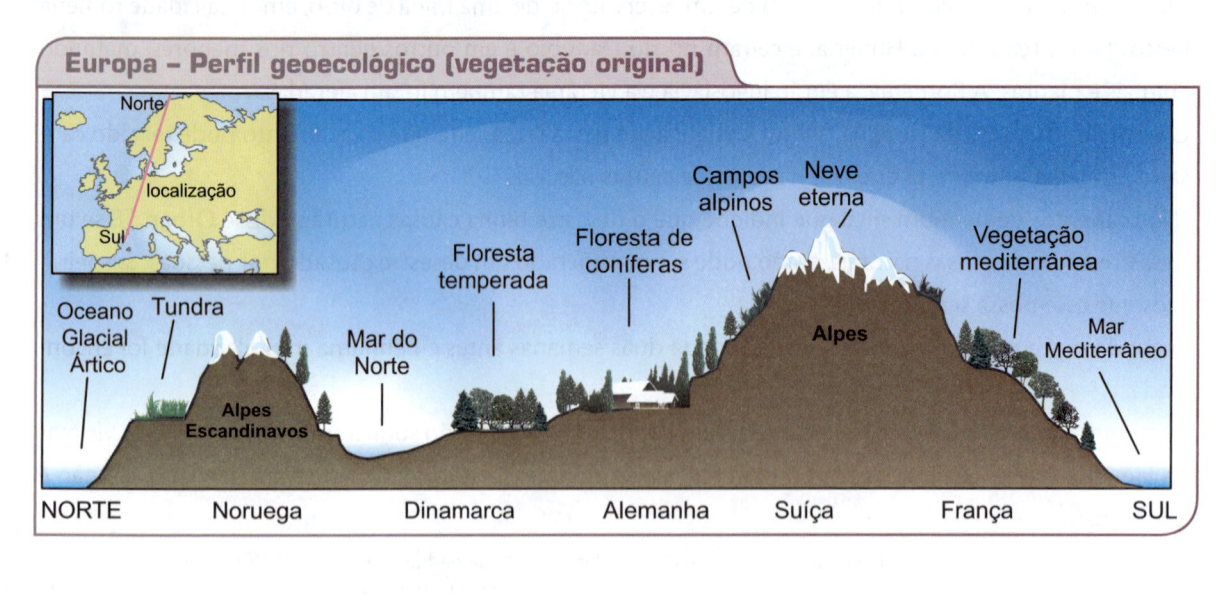

Europa – Perfil geoecológico (vegetação original)

Norte — localização — Sul

Oceano Glacial Ártico | Tundra | Alpes Escandinavos | Mar do Norte | Floresta temperada | Floresta de coníferas | Campos alpinos | Neve eterna | Alpes | Vegetação mediterrânea | Mar Mediterrâneo

NORTE — Noruega — Dinamarca — Alemanha — Suíça — França — SUL

---

5 Dentre os três tipos de relevo encontrados na Europa (cadeias montanhosas jovens e elevadas; planaltos e cadeias montanhosas antigas; planaltos baixos e planícies), qual está representado na foto? Explique e dê o nome específico desta unidade de relevo.

Alpes, Áustria.

68

6 Com base no mapa Geoecologia – Europa e Rússia, responda os itens:

a) Que tipo de clima apresenta a temperatura mais alta no decorrer do ano?

_____

_____

b) Que tipo climático apresenta a menor quantidade de chuvas?

_____

7 Qual é a importância econômica do solo *tchernozion*, para economia de países como a Ucrânia?

_____

_____

_____

_____

- _____

8 Para transportar mercadorias da Eslováquia para a Romênia através de uma hidrovia, que rio europeu pode ser utilizado? Por quê?

_____

_____

_____

_____

_____

9 Que obra de engenharia permite que um inglês viaje de trem até a França? Explique a importância desta obra.

_____

_____

_____

_____

_____

10 Responda às questões utilizando o banco de palavras abaixo e observando um mapa da Europa.

> Espanha   Grécia   Reino Unido   Suécia   Bulgária   Dinamarca   Portugal

a) Quais países estão localizados na península ibérica?
___
___

b) Qual país encontra-se na península da Escandinávia?
___

c) Qual é o país situado na pequena península da Jutlândia?
___

d) Qual é o país integrante da península balcânica?
___

e) Qual é o país banhado pelo mar Negro?
___

f) Que país apresenta parte de seu território na ilha da Grã-Bretanha?
___

11 Qual fator contribui para amenizar as temperaturas no inverno na porção litorânea da Europa Ocidental?
___
___
___

12 Qual é a importância das florestas de coníferas (Taiga) para a economia de países como Finlândia e Rússia?
___
___
___
___

13 A partir da leitura do texto "O desastre ecológico no mar de Aral" (teoria) e da interpretação do mapa a seguir, responda os itens:

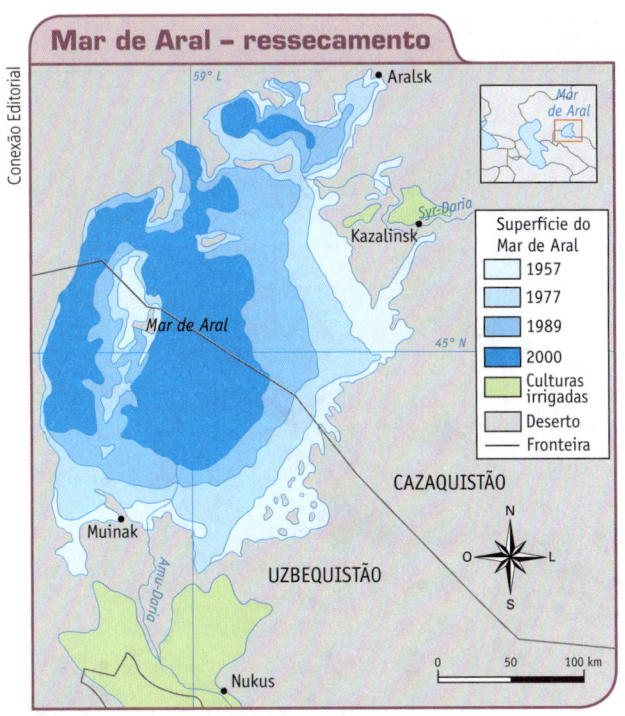

Mar de Aral – ressecamento

Fonte: Com base em FERREIRA, Graça Maria Lemos. *Atlas Geográfico Espaço Mundial*. São Paulo: Moderna, 2010.

a) Explique por que o mar de Aral está secando.

_____
_____
_____
_____
_____
_____

b) Quais são os impactos sociais e ambientais decorrentes desse problema ecológico?

_____
_____
_____
_____
_____
_____
_____

14 Elabore um texto sobre os problemas ambientais encontrados no continente europeu a partir da análise do mapa a seguir.

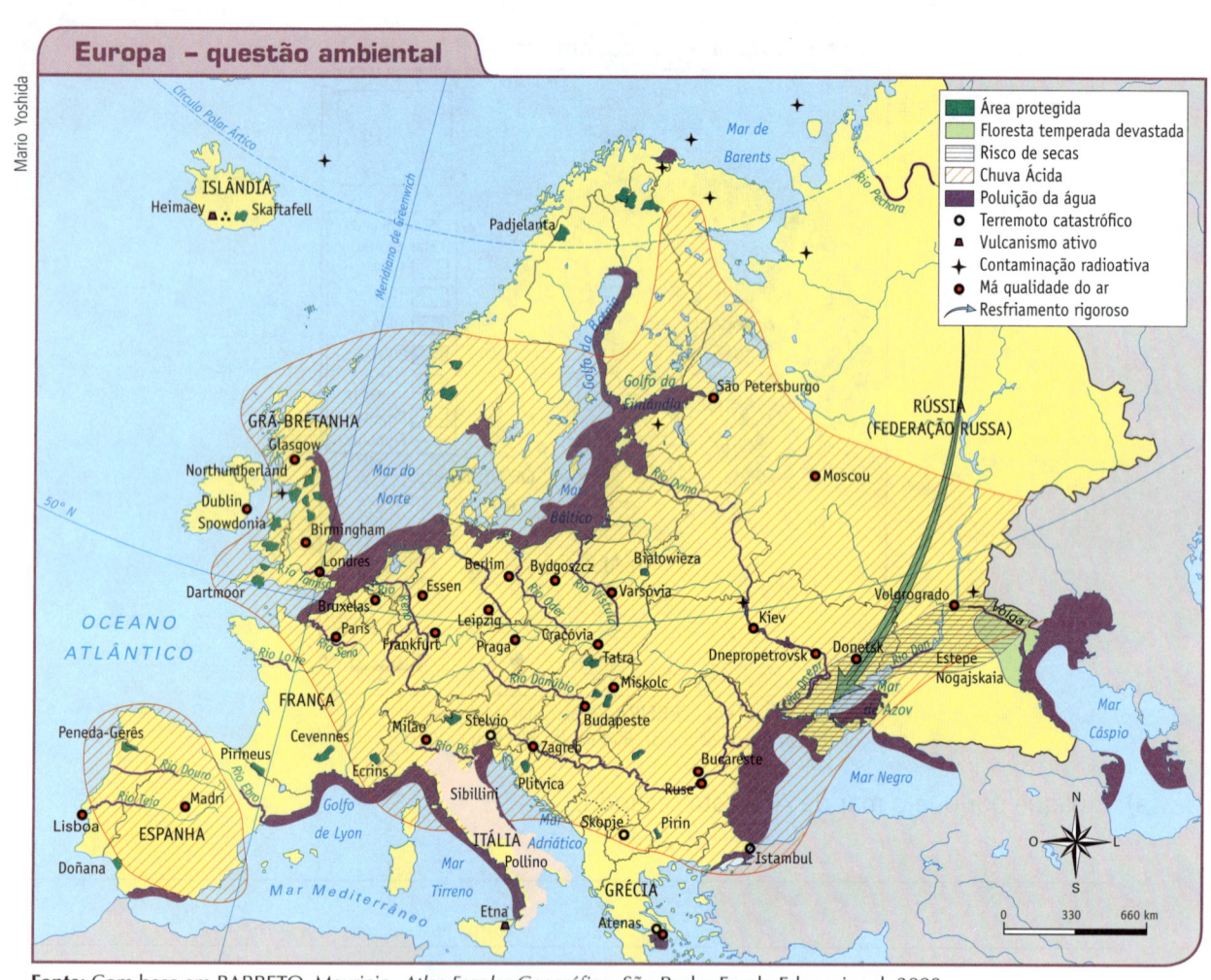

Europa – questão ambiental

Legenda:
- Área protegida
- Floresta temperada devastada
- Risco de secas
- Chuva Ácida
- Poluição da água
- ○ Terremoto catastrófico
- ▲ Vulcanismo ativo
- + Contaminação radioativa
- ● Má qualidade do ar
- → Resfriamento rigoroso

Fonte: Com base em BARRETO, Mauricio. *Atlas Escolar Geográfico*. São Paulo: Escala Educacional, 2008.

_____
_____
_____
_____
_____
_____
_____
_____
_____
_____

Capítulo 4
A Europa Ocidental: rica e desenvolvida

A Europa é um dos principais centros econômicos e culturais do mundo. Sua influência é muito grande na economia e na cultura, língua, culinária, costumes. Vamos estudar as particularidades econômicas dos países ricos da Europa e os problemas sociais e geopolíticos destes países.

Área turística em Veneza, Itália.

Europa Ocidental e União Europeia

Os países da Europa Ocidental são classificados como ricos. Todos apresentam IDH muito elevado, isto é, alta renda per capita, elevada expectativa de vida e alta alfabetização.

A União Europeia abrange a maioria dos países desenvolvidos da Europa e parte dos países emergentes do Leste Europeu. Trata-se do bloco econômico mais poderoso da atualidade, reunindo 27 países.

Criado em 1957, o bloco incentiva os fluxos comerciais entre seus sócios e, hoje, apresenta uma moeda única, o euro, que vigora em 17 países do bloco (Zona do Euro).

Do bloco, participam 15 países desenvolvidos da Europa Ocidental: Alemanha, França, Reino Unido, Itália, Espanha, Holanda, Bélgica, Luxemburgo, Dinamarca, Finlândia, Suécia, Áustria, Irlanda, Portugal e Grécia.

Em 2004, houve a expansão para o Leste Europeu com a adesão de 10 novos integrantes: Polônia, República Checa, Eslováquia, Hungria, Eslovênia, Estônia, Letônia, Lituânia, Malta e Chipre. Em 2007, entraram Romênia e Bulgária.

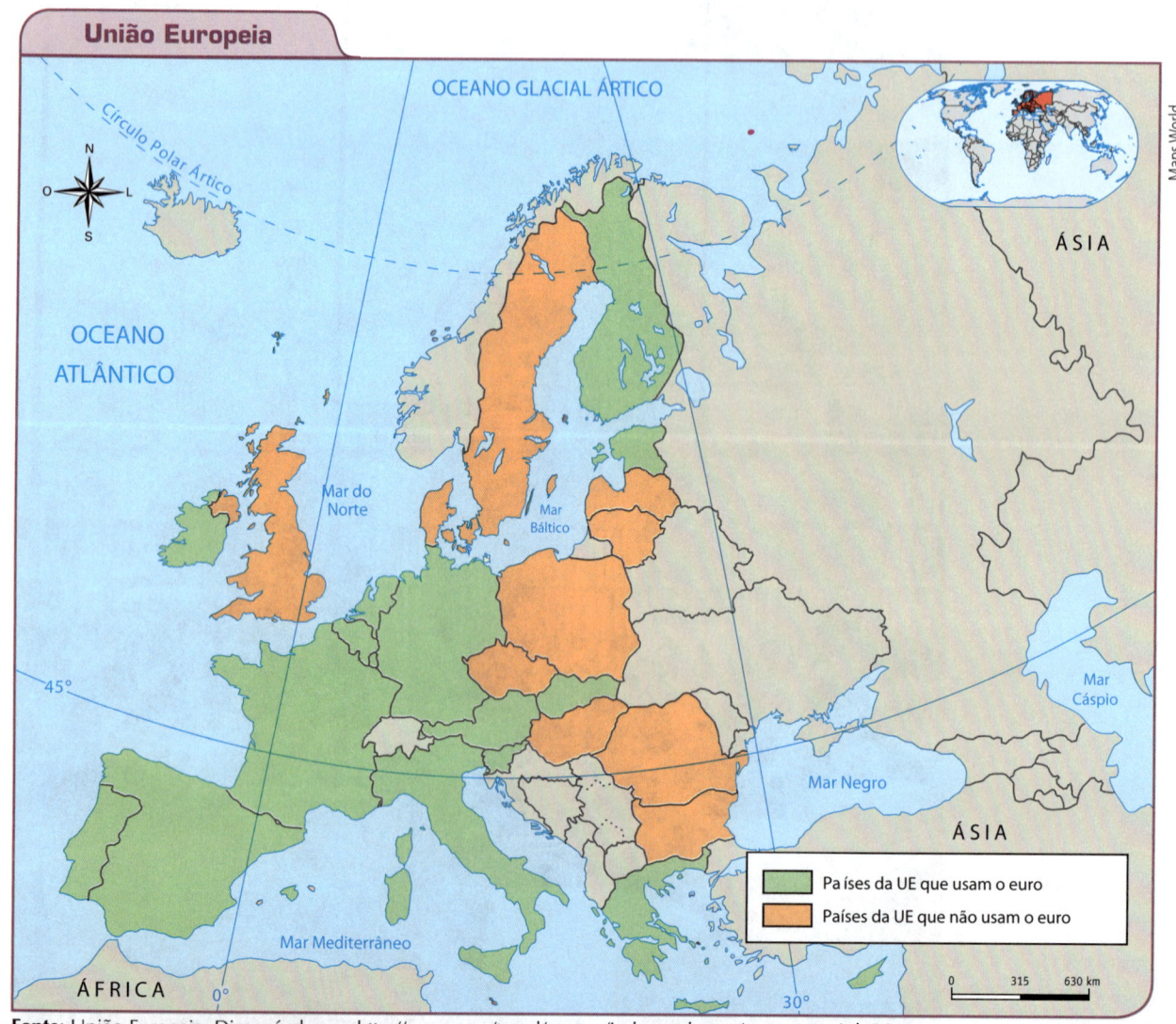

Fonte: União Europeia. Disponível em: <http://europa.eu/travel/money/index_pt.htm> Acesso em: jul. 2012.

> **Você sabia?**
>
> ### PIIGS: economia porca?
>
> A partir de 2008, eclodiu uma severa crise financeira com origem nos EUA. A crise também debilitou bastante o continente europeu e a Irlanda foi um dos países mais abalados. Os principais problemas são: déficit público elevado (governo gasta mais do que arrecada com impostos), alta dívida interna e alta dívida externa. Ou seja, a crise mundial afetou mais os países que estavam com suas contas desarrumadas.
>
> As dificuldades financeiras levaram a União Europeia e o FMI (Fundo Monetário Internacional) a socorrer vários países à beira da bancarrota. Foi o caso da Grécia, que precisou de um empréstimo de 150 bilhões de euros. Para receber o empréstimo, o governo grego foi obrigado a aumentar impostos, congelar salários e paralisar investimentos. Essas medidas causaram revolta na população grega e também greves de trabalhadores. Na Espanha, o governo cortou 5% dos salários dos funcionários públicos.
>
> Foi até criada uma sigla pejorativa de origem inglesa "PIIGS" para identificar os países com problemas mais graves. Literalmente: "países que administram porcamente suas economias". Os PIIGS são: Portugal, Irlanda, Itália, Grécia e Espanha (do inglês Spain).
>
> Porém, outros países também enfrentam dificuldades, é o caso da Islândia (que não pertence à União Europeia) que atravessou uma severa crise bancária. Existem aqueles que gostariam de acrescentar mais um "G" à sigla, a Grã-Bretanha, cujo governo realizou um drástico corte nos gastos públicos, afetando setores sociais. Na França, o governo aprovou uma polêmica reforma na previdência, aumentando a idade para as aposentadorias.
>
> A crise se aprofundou em 2011, 2012, atingindo níveis alarmantes na Europa. Grécia, Espanha, Portugal e Irlanda estiveram à beira da bancarrota.

Charge de Cícero www.cicero.art.br

Reino Unido

O Reino Unido é uma das maiores economias da Europa, sendo muitas vezes confundido com a Inglaterra. Porém, a Inglaterra é apenas uma das nações, que é também composto por mais três outras. Entre as quais, Escócia e País de Gales, situadas na Ilha da Grã-Bretanha, e Irlanda do Norte, conhecida como Ulster, que localiza-se na porção setentrional da ilha da Irlanda.

O governo e a iniciativa privada têm estimulado a modernização em vários setores da economia, sobretudo os de alta tecnologia e de serviços. O aglomerado metropolitano de Londres é o principal centro urbano, econômico, financeiro e tecnológico britânico.

Dentre os mais importantes setores econômicos destaca-se a exploração de petróleo e de gás natural, principalmente no mar do Norte. As duas principais empresas são a Shell e a BP (British Petroleum). A BP enfrentou uma grave crise em 2010 devido ao desastre ambiental provocado pelo vazamento de petróleo após a explosão de uma de suas plataformas no Golfo do México. O acidente causou sérios danos ao meio ambiente dos EUA e abalou a reputação da empresa.

Outros setores importantes da economia britânica são o químico com destaque para a multinacional ICI (Imperial Chemical Industries), o farmacêutico, a exemplo da Glaxo Welcome, e o produtor de alimentos, cosméticos e produtos de limpeza, liderado pela Unilever. O Reino Unido está convertendo-se em um dos principais centros de pesquisa em biotecnologia da atualidade.

> **Você sabia?**
>
> ### Geopolítica da Irlanda do Norte
>
> O principal problema interno do Reino Unido é a atuação do IRA (Irish Republican Army: Exército Republicano Irlandês). O IRA é um grupo separatista e com tradição terrorista que luta pelo fim do domínio britânico na Irlanda do Norte. O IRA objetiva a unificação com a República da Irlanda, que ocupa a porção sul da Ilha da Irlanda, onde a população é majoritariamente católica.
>
> A situação interna da Irlanda do Norte é delicada, visto que os protestantes, que são a maioria da população local (58%), são favoráveis à permanência do território no Reino Unido. Já os católicos (42% da população) são simpatizantes do IRA. Desde a década de 1970, os conflitos entre católicos e protestantes na Irlanda do Norte deixaram 3,5 mil mortos.
>
> A partir de 1998, passou a vigorar um tratado de paz que reduziu a tensão na região. O tratado contou com a participação de católicos (partido Sinn Fein), protestantes e dos governos britânico e irlandês. O acordo permitiu a formação de um parlamento norte-irlandês com autonomia política e formado por representantes católicos e protestantes. Em 2005, o IRA anunciou seu desarmamento. Em 2008, foi formado um governo de coalizão entre católicos e protestantes. Porém, em 2010, uma facção dissidente, o IRA Autêntico ou Verdadeiro, efetivou um atentado em Belfast. Assim, manifestou-se contrário à evolução do acordo de paz na região.
>
> Membros do IRA, revistando homem na rua.

Irlanda

A porção sul da Ilha da Irlanda é um país independente, a República da Irlanda ou Eire. A Irlanda tornou-se independente do Reino Unido em 1922. Desde o século XIX, as dificuldades socioeconômicas fizeram com que o país fosse caracterizado pela emigração para o exterior. Naqueles tempos, os emigrantes dirigiam-se principalmente aos Estados Unidos.

Após a entrada da União Europeia (1973), o país apresentou um formidável crescimento econômico. A capital, Dublin, é o principal centro urbano, econômico e cultural. Os setores de alta tecnologia se expandiram rapidamente e a região já é um dos principais polos de desenvolvimento de *softwares* para computadores. O país também se destaca na produção de laticínios, carne, produtos químicos e eletrônicos. Com a crise econômica de 2010-2011, a Irlanda foi seriamente afetada.

Alemanha

Principal potência europeia, a Alemanha foi derrotada em duas guerras mundiais no século XX. Com a assinatura do Tratado de Potsdam (1949), a nação alemã esteve dividida em dois países com regimes socioeconômicos e políticos diferentes, a Alemanha Oriental (socialista) e Alemanha Ocidental (capitalista), durante o período da Guerra Fria.

Foi em 1989 que ruiu o muro de Berlim, marco da divisão alemã, em meio a manifestações populares dos alemães orientais e ocidentais. A queda do muro tornou-se o símbolo da decadência do bloco socialista e do colapso do regime socialista na Alemanha Oriental.

O término do regime autoritário no lado oriental permitiu o avanço das negociações que conduziram à fusão com a Alemanha Ocidental. Depois de décadas separados, em outubro de 1990, os alemães puderam comemorar a reunificação de seu país. A reunificação fortaleceu a posição de liderança do país na União Europeia.

Após a reunificação, a Alemanha tornou-se a nação mais populosa da Europa Ocidental, com 82,1 milhões de habitantes. Porém, após as comemorações populares, empreendeu-se a árdua tarefa de administrar os estados da porção leste. O problema foi que no leste o nível de desenvolvimento econômico e tecnológico era inferior ao da porção ocidental. As indústrias tinham tecnologia defasada e, muitas delas, geraram poluição ambiental.

Alemanha – indicadores sociais	
Crescimento da população (% a cada ano)	–0,0086
População urbana (% da população)	73,7
Alfabetização (acima de 15 anos de idade)	99
Expectativa de vida (em anos)	79
Mortalidade infantil (em cada mil nascidos até 1 ano de idade)	4
Acesso a rede de esgotos (% dos domicílios)	100
Número de computadores/pessoas (a cada 100 habitantes)	75,9

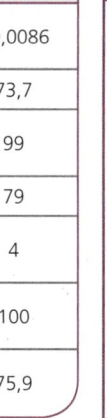

Fonte: IBGE.

Pirâmide etária (Alemanha – 2010)

Fonte: U.S. Census Bureau. Internacional Data Base.

O governo e as empresas privadas empreenderam um grande esforço para desenvolver a porção oriental com vultosos custos financeiros. Foi imprescindível recuperar a infraestrutura e superar o atraso herdado do regime socialista. As empresas do leste foram incorporadas e muitas foram fechadas, conduzindo ao aumento do desemprego. A crise social fez muitos alemães orientais migrarem para o lado ocidental.

Os problemas sociais estimularam a proliferação de grupos de movimentos de extrema direita, inclusive com orientação ideológica neonazista. Esses grupos são racistas e manifestam-se contra a presença de imigrantes provenientes de pobres na Alemanha.

Nos anos 2000, a porção oriental já apresenta sinais de recuperação. Algumas empresas do leste já conseguiram melhorar sua competitividade. A metrópole de Berlim é um dos exemplos, visto que atravessa uma intensa modernização e recuperação de sua infraestrutura, voltando a ser a capital política da Alemanha.

A Alemanha é a maior potência econômica da Europa e a quarta maior economia do mundo, apresentando um vasto e diversificado parque industrial. De modo geral, as indústrias encontram-se bem distribuídas pelo território. Todavia, observam-se algumas áreas com maior concentração. Ao norte, onde predominam planícies e baixos planaltos, está a importante bacia do rio Elba. Nessa área, situa-se Hamburgo, cidade que concentra um importante porto e a indústria naval alemã. Logo ao sul, a pequena cidade de Wolfsburg abriga a sede da indústria de automóveis Volkswagen.

Parlamento em Berlim, capital da Alemanha.

Em direção ao centro-oeste alemão, destaca-se a região da Renânia, ao longo dos vales do rio Reno e de seu afluente, o rio Ruhr. Trata-se da maior área de concentração urbana e industrial do país, praticamente uma megalópole com destaque para a cidade de Colônia. A instalação de indústrias no vale do Ruhr se deu a partir do século XIX. Os ramos industriais mais expressivos são o siderúrgico (aço), metalúrgico e bélico. Os fatores responsáveis pela concentração nessa área foram:

- a riqueza em carvão mineral;
- a mão de obra abundante;
- o expressivo mercado consumidor;
- transporte, principalmente o hidroviário.

No vale do rio Meno, afluente do Reno, localiza-se a metrópole de Frankfurt, importante centro urbano, de serviços e industrial. Frankfurt é o principal centro financeiro alemão, onde encontra-se a bolsa de valores. Na região do rio Neckar está Stuttgart, famosa pela presença da montadora Daimler-Benz.

No sul do país destaca-se o estado da Baviera, polarizado pela cidade de Munique, um importante centro industrial e tecnológico, uma vez que concentra as sedes de transnacionais como a Bayer (setores químico e farmacêutico), BMW e Audi (automobilístico) e Siemens (eletrônica e telecomunicações). A Baviera é uma região montanhosa e conserva expressivos trechos de florestas temperadas e de coníferas. Possui também castelos, sendo polo de atração turística.

França

A França apresenta posição geográfica privilegiada, uma vez que possui litorais e portos no Oceano Atlântico e também no mar Mediterrâneo. É uma das principais potências econômicas europeias. A região metropolitana de Paris polariza a França, pois exerce diversas funções: capital política, centro industrial e centro terciário (comércio, serviços, cultura, finanças e turismo).

O país também apresenta diversas outras regiões industriais, a saber: Estrasburgo e Nancy (região da Alsácia), Lille (região Norte Pas-de-Calais), Marselha e Montpellier (região de Languedoc), acrescendo os centros urbanos de Nantes, Toulouse, Bordeaux, Rennes e Lyon.

A indústria francesa é importante em vários setores. Liderada por transnacionais: automobilístico (Renault, Citroën e Peugeot), hipermercados (Carrefour), químico (Rhodia, Saint-Gobain e Péchiney), telecomunicações (Alcatel), têxtil, aeronáutico (Airbus) e aeroespacial. A França também detém liderança nos ramos de cosméticos e perfumes.

No setor energético, a nação francesa é a que mais depende de energia nuclear na Europa, cerca de 75% do total da energia consumida. A ocorrência de jazidas de urânio na região montanhosa do Maciço Central é um dos fatores que impulsionaram o uso da energia nuclear.

Na União Europeia, a França é o principal produtor de alimentos. Os agricultores apresentam alta capacidade de mobilização, pressionando o governo no intuito de dificultar a entrada de alguns produtos importados.

Para evitar prejuízos para os camponeses locais, o país adota uma política protecionista que limita a entrada de produtos agropecuários de países como Brasil e Argentina na França e na União Europeia. O país apresenta grande produção de trigo, uva, vinho e laticínios de excelente qualidade.

Fábrica da Airbus na França.

Itália

Potência econômica, a Itália apresenta uma grande disparidade entre suas regiões. A porção centro-norte do país apresenta maior grau de desenvolvimento econômico que o sul.

O centro-norte italiano é caracterizado pela presença da cadeia dos Alpes, onde nasce o principal rio, o Pó. No Vale do Pó encontram-se as províncias ricas como Lombardia, Veneto, Toscana e Lazio. Trata-se da porção mais industrializada do país, concentrando as cidades mais importantes, Milão (centro financeiro), Turim (centro industrial) e Gênova (importante porto).

Dentre as demais cidades importantes do norte podemos citar Veneza, Bolonha e Florença. Na porção central do país localiza-se Roma, capital política e importante centro de serviços, comércio e turismo.

A geografia física do norte apresenta algumas vantagens para o aproveitamento econômico. Os desníveis de relevo nos Alpes propiciaram a instalação de hidrelétricas em vários rios. As planícies do Vale do Pó tornaram-se a principal área produtora de alimentos onde se destaca a produção de trigo, hortifrutigranjeiros e laticínios.

Cultivo de uva na Itália.

A porção meridional da Itália é a região menos desenvolvida, sendo integrada pelas regiões da Calábria e Ilhas de Sicília e da Sardenha. Nas últimas décadas, o governo italiano empreendeu esforços para favorecer o desenvolvimento do sul por meio de incentivos para a instalação de empresas em cidades como Nápoles, Bari, Tarento, Palermo e Siracusa.

O maior grupo empresarial italiano é o Fiat (Fábrica Italiana de Automóveis Turim), que engloba outras empresas como a Ferrari, que produz automóveis para as classes sociais mais abastadas. O grupo também atua na indústria aeronáutica e no setor financeiro. Outros grupos expressivos são o Pirelli (químico), o Benetton (têxtil) e o Parmalat (alimentos).

O território italiano é pobre em recursos minerais, por isso, o país é importador de petróleo dos países do norte da África como a Líbia. Mesmo assim, apresenta uma importante indústria petroquímica, a Agip (Agência Italiana de Petróleo). Essa empresa é responsável pela transformação do petróleo em derivados como os combustíveis (gasolina, diesel e gás), inclusive para exportação.

Além da desigualdade regional, a Itália enfrenta outros problemas. Entre os quais, o crescimento de movimentos de extrema direita, contrários à presença de imigrantes estrangeiros. No norte do país, existe até um movimento separatista, a Liga Lombarda, que defende a independência do norte em relação ao sul do país. Também preocupam, a instabilidade política, o poder da máfia (crime organizado) e a baixa taxa de natalidade.

> **Você sabia?**
>
> ### Máfia italiana fatura com negócios nocivos ao meio ambiente
>
> A máfia italiana faturou em 2009 cerca de 20,5 bilhões de euros em negócios nocivos ao meio ambiente, afirma o grupo ambientalista italiano Legambiente.
>
> Segundo o relatório anual da Legambiente, as atividades mais lucrativas incluem o tratamento quase sempre ilegal de resíduos e o uso de cimento de baixa qualidade para a construção civil.
>
> A chamada "ecomáfia" contamina áreas costeiras e o mar, e os resíduos de suas operações provocam danos ao meio ambiente e à saúde da populações.
>
> A máfia abandona montanhas de lixo em locais inapropriados e envia peças de computador que não funcionam, vendidas como se funcionassem, para África e Ásia.
>
> A gestão de resíduos, incluindo eletrônicos e de cimento empobrecido, gera grande parte da receita da organização criminosa, juntamente com a administração de centros comerciais e tráfico de produtos agrícolas e de animais, explica a Legambiente.
>
> As infrações no setor de lixo cresceram 33% junto com os danos à fauna, que chegaram a 58%.
>
> A região de Nápoles é onde se registra o maior número de delitos contra o meio ambiente (17%), seguido pelas regiões do Lácio (12%), que inclui Roma, Calábria (10%), Apulia (9%) e Sicília (8,8%). As cinco regiões do sul da Itália, de um total de 20, são responsáveis por 58% dos delitos.
>
> Em 2009, o número de prisões aumentou 43% e a apreensão de plantas, 33%.
>
> O prefácio do relatório da Legambiente foi escrito por Roberto Saviano, autor do livro "Gomorra", sobre o império econômico da máfia napolitana. "Las ecomafias", escreveu Saviano, "obtêm ganhos anuais superiores às maiores indústrias italianas, como Fiat e Benetton."
>
> Disponível em: <http://www1.folha.uol.com.br/ambiente/745556-mafia-italiana-fatura-com-negocios-nocivos-ao-meio-ambiente.shtml>.
> Acesso em: jul. 2012.

Países Nórdicos

Os Países Nórdicos são Suécia, Finlândia, Noruega, Dinamarca e Islândia. Constituem nações que oferecem excelente qualidade de vida para suas populações. São os ícones do "Estado do bem-estar social" na Europa, ou seja, quando o governo investe bastante em saúde, educação e previdência social.

A Suécia é o país mais populoso e industrializado entre os países nórdicos. Sua atividade industrial foi estimulada pelas reservas de minério de ferro na região da Lapônia, que abrange o norte do país e parte da Finlândia. A abundância em ferro permitiu a produção de aço e o desenvolvimento da indústria de veículos pesados, a exemplo dos ônibus, caminhões e tratores da multinacional Volvo-Scania. O setor de telecomunicações é liderado pela poderosa Ericsson.

A Noruega possui razoável atividade industrial, mas sobressai-se na exploração de petróleo e gás natural no mar do Norte. Também apresenta importante atividade pesqueira (processamento de bacalhau e salmão).

A Finlândia apresenta relevo plano, inúmeros lagos de origem glacial e extensas florestas de coníferas. Sua industrialização se concentra na capital, Helsinque. Além da produção de papel e celulose, o país apresenta notável avanço nos ramos de alta tecnologia como telecomunicações, a exemplo da Nokia, e informática, particularmente no desenvolvimento de *softwares* para computadores.

Exploração de petróleo na Noruega.

A Dinamarca é um pequeno país com relevo aplanado onde se pratica a agropecuária moderna associada à indústria. Os dinamarqueses destacam-se na produção de frios, laticínios e pescados. Na indústria, merece destaque os setores têxtil e de brinquedos.

A Islândia é um país localizado numa ilha tangenciada pelo Círculo Polar Ártico. Apesar do frio subpolar, a ilha situa-se numa área de contato entre placas tectônicas, sendo caracterizada por intensa atividade vulcânica. Isso permite que os islandeses tomem banho em piscinas com água aquecida que aflora à superfície. Outra vantagem é a geração de energia por meio de usinas geotérmicas que aproveitam o calor que sobe até a superfície.

Países Baixos

Os Países Baixos ou Holanda apresentam uma das sociedades mais avançadas do mundo no que se refere aos direitos humanos e à tolerância cultural. O país apresenta uma legislação liberal em relação a vários assuntos que ainda causam polêmica em diversos países:

- defesa dos direitos de grupos étnicos minoritários e imigrantes estrangeiros;
- união civil para homossexuais;
- maior tolerância e não criminalização do uso de drogas, por exemplo, a maconha;
- legalização com direitos trabalhistas para os "profissionais do sexo", tais como as prostitutas;
- a permissão da eutanásia em casos extremos, ou seja, permissão para que os médicos desliguem os aparelhos que mantêm pessoas vivas de modo artificial;
- a legalização do aborto.

A Holanda apresenta uma forte atividade industrial nos setores alimentício (Unilever), petroquímico (Shell) e eletrônico (Phillips). O país apresenta um pequeno território, equivalente às áreas dos estados brasileiros de Alagoas e Sergipe, com uma população de 16,5 milhões de habitantes. Desse modo, o país apresenta alta densidade demográfica, cerca de 491 habitantes por km². Isso exigiu dos holandeses um minucioso planejamento da ocupação dos espaços disponíveis.

Como o relevo é dominado por planícies e depressões, houve a necessidade de conquistar novos terrenos (pôlderes) em relação ao mar. Para isso, houve a construção de um engenhoso sistema de diques e cordões arenosos visando a contenção das águas. Com a drenagem e o aterramento de terrenos, os pôlderes puderam ser ocupados de diversas formas, destacando-se a pecuária bovina leiteira e a produção de flores.

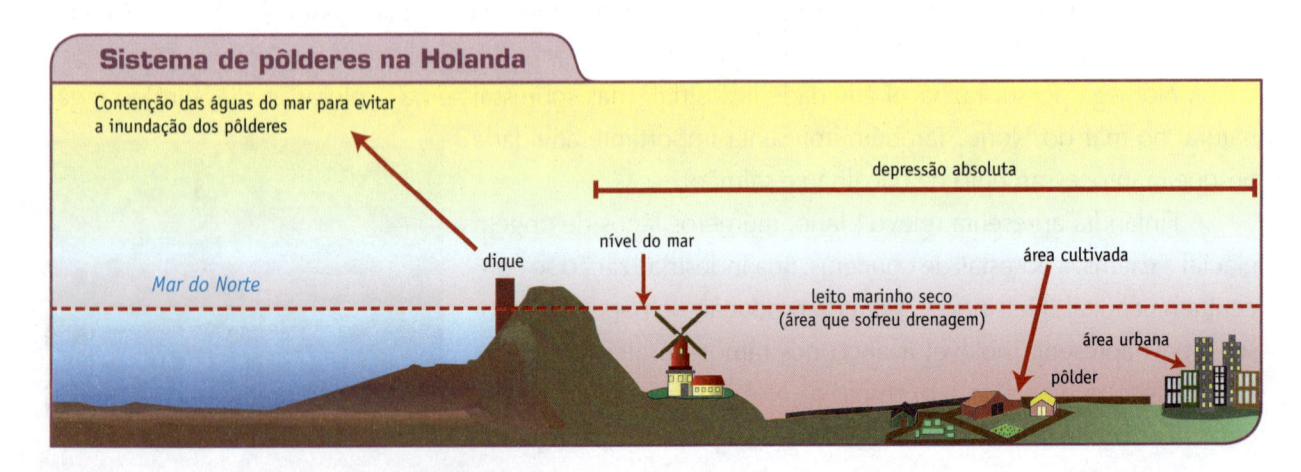

Sistema de pôlderes na Holanda

Portugal, Espanha e Grécia

A Espanha ocupa a maior parte da Península Ibérica, que divide com Portugal. Trata-se de um dos países que tiveram maior crescimento econômico na Europa Ocidental a partir da década de 1980. O país apresenta significativas reservas de ferro e carvão mineral, que favoreceram o desenvolvimento da indústria siderúrgica.

Os setores industriais relevantes são o automobilístico, o petroquímico e o têxtil. Entre os ramos com maior êxito, destacam-se as telecomunicações, representada pela Telefônica, e o financeiro, com destaque para bancos como o Santander. São transnacionais com expressiva atuação no Brasil. As regiões mais dinâmicas do ponto de vista industrial e tecnológico são Madri, Bilbao e Barcelona.

Em Portugal, a atividade industrial concentra-se nas duas maiores cidades do país, Porto, ao norte, e Lisboa, ao sul. Apesar do crescimento econômico, houve um grande êxodo de portugueses em direção a países mais ricos como França, Alemanha e Luxemburgo, em busca de emprego e melhores salários. A atividade pesqueira é um dos pontos fortes da economia portuguesa.

Na Grécia, localizada ao sul da península balcânica, os setores industriais mais importantes são a metalurgia, a construção naval e o têxtil.

A crise econômica trouxe altos níveis de desemprego, crescimento negativo do PIB e fortes ajustes fiscais e cortes no orçamento público.

Você sabia?

A importância econômica e social do patrimônio histórico

A atividade turística é um dos alicerces da economia para diversos países europeus, especialmente os localizados na orla do Mediterrâneo. Só os espanhóis recebem mais de 50 milhões de visitantes por ano. Os verões quentes atraem um expressivo número de turistas, em sua maioria do centro-norte da Europa em direção aos balneários da Grécia, Portugal, Espanha, Itália e França. Na Grécia, o turismo é o principal setor da economia. O grande número de ilhas cercadas pela cor azulada e amena do mar Egeu é um dos principais atrativos.

A conservação do patrimônio histórico faz parte do cotidiano das sociedades europeias. A culinária típica, as exposições de arte e os museus, os festivais de teatro e de cinema, os desfiles de moda e a arquitetura histórica estão entre as razões que explicam o intenso fluxo de turistas para a Europa Ocidental.

Dessa maneira, cuidar do patrimônio histórico é essencial para fomentar o turismo, setor que gera grande número de empregos nos países europeus.

No Brasil, você já deve ter visto um prédio antigo, porém deteriorado no centro de uma cidade. Grande parte dos brasileiros dificilmente visita um museu ou frequenta exposições de arte. Neste aspecto, o Brasil tem muito a aprender com a Europa, visto que o país precisa investir mais em educação, na conservação de seu patrimônio histórico, em atividades culturais, tendo em vista a melhoria do nível cultural de sua população e a atração de turistas estrangeiros.

Partenon em Atenas, Grécia.

ATIVIDADES

1) Quais são as nações que formam o Reino Unido?

_____

_____

_____

2) Na atualidade, qual o principal recurso natural explorado no Reino Unido? Em que região é encontrado?

_____

_____

3) Explique o problema geopolítico no território destacado no mapa abaixo. Explique o que é o IRA.

_____

_____

_____

_____

_____

_____

_____

_____

Irlanda do Norte – religião

Católicos
Protestantes

Mario Yoshida

Fonte: Com base em FERREIRA, Graça Maria Lemos. *Atlas Geográfico Espaço Mundial.* São Paulo: Moderna, 2010.

4) Mencione o setor de alta tecnologia que está destacando a República da Irlanda.

_____

_____

5) Cite dois fatores que favoreceram a concentração industrial no vale do Ruhr a partir do século XIX.

_____

_____

_____

6 Com o auxílio do mapa Europa – indústria e recursos minerais, responda aos itens a seguir:

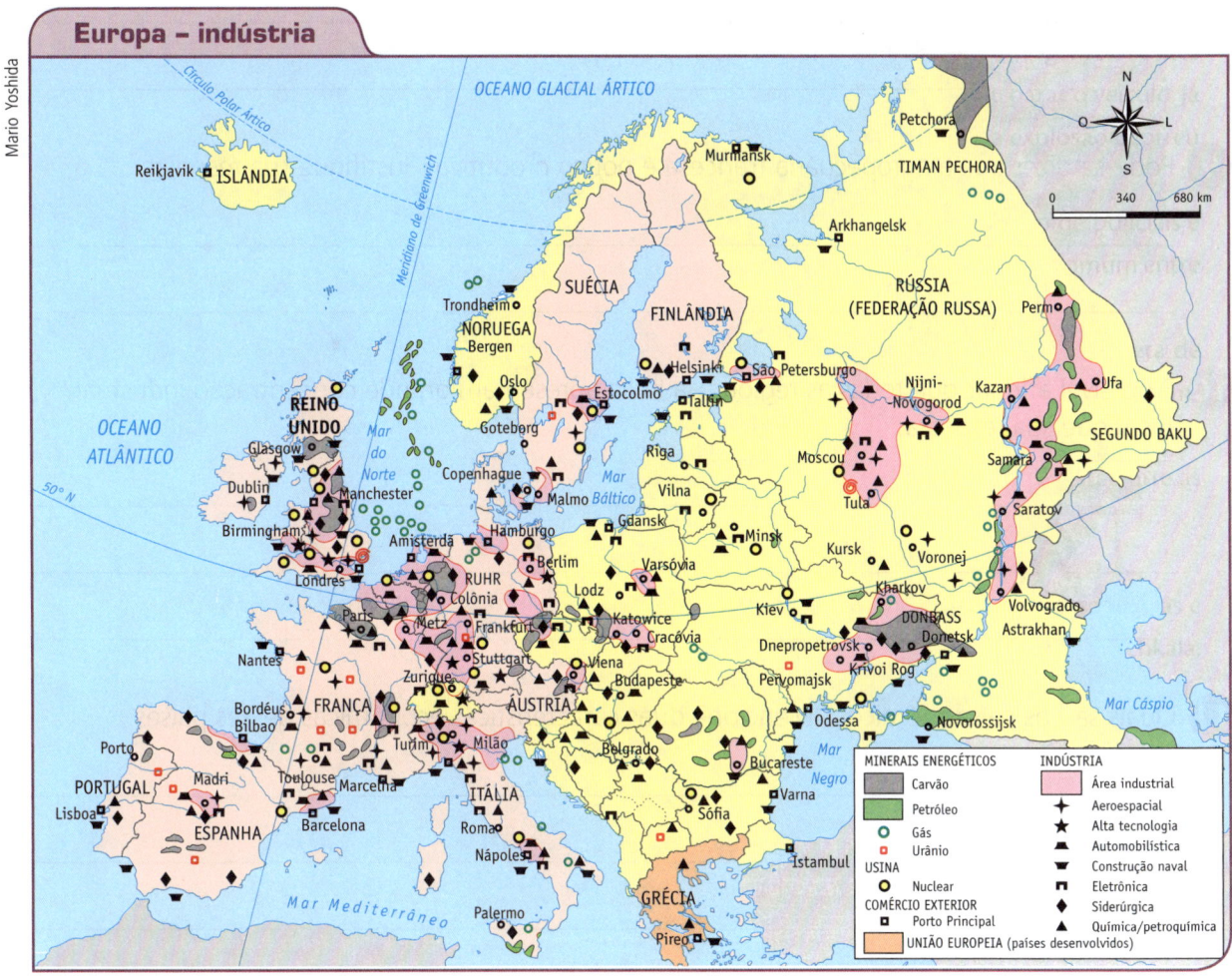

Europa – indústria

Fonte: Com base em BARRETO, Mauricio. *Atlas Escolar Geográfico*. São Paulo: Escala Educacional, 2008.

a) Mencione três importantes áreas de concentração industrial.

_____

b) Cite três países com produção de carvão mineral.

_____

c) Mencione uma área produtora de petróleo.

_____

d) Cite três países com usinas nucleares.

_____

7 Mencione dois problemas sociais da Alemanha.

_____

_____

85

8 Cite três setores importantes da indústria francesa.

9 Pode-se dizer que a agropecuária francesa é pouco produtiva? Justifique sua resposta.

10 É possível afirmar que todas as regiões da Itália apresentam grande concentração industrial? Justifique sua resposta.

11 Quais são os países nórdicos? Mencione duas características econômicas desses países.

12 Justifique a afirmação: a Suécia é o país mais industrializado entre os nórdicos.

13 Qual é o grande destaque da economia da Noruega?

14 Qual é a fonte de energia em que se destaca a Islândia?

15 Mencione algumas atividades econômicas importantes da Dinamarca.

16 No que consistem os pôlderes localizados na Holanda?

_____
_____
_____
_____
_____

17 Explique o problema geopolítico no território destacado no mapa a seguir. Qual é a reivindicação do grupo ETA perante a Espanha?

País Basco

Fonte: Com base em FERREIRA, Graça Maria Lemos. *Atlas Geográfico Espaço Mundial*. São Paulo: Moderna, 2010.

_____
_____
_____
_____
_____
_____
_____
_____
_____

18 Elabore um texto utilizando elementos da imagem abaixo e os seguintes termos: Grécia, Espanha, Portugal, clima mediterrâneo e economia.

_____
_____
_____
_____
_____
_____

Cultivo de oliveiras.

87

Capítulo 5
NAÇÕES DO LESTE EUROPEU E DA ÁSIA CENTRAL, RÚSSIA E CÁUCASO

Vamos investigar o passado recente, a atualidade e o futuro dos países do Leste Europeu. A transição do socialismo real para o capitalismo. Os conflitos étnicos e religiosos, bem como a fragmentação territorial de vários países.

Destruição e drama humano no conflito na região separatista da Ossétia do Sul, Geórgia (2008).

Do socialismo para o capitalismo

O socialismo real tinha como características a economia planificada pelo governo e a melhor distribuição de renda. Porém, o atraso econômico e a falta de democracia política foram responsáveis pela crise nessas nações a partir de meados da década de 1980.

Na União Soviética, a *perestroika* (reforma econômica) e a *glasnost* (abertura política), implementadas pelo então líder Mikhail Gorbatchev não funcionaram de modo adequado. Em pouco tempo, governos dos países do Leste Europeu perderam poder devido às mobilizações populares e à decadência econômica soviética. Posteriormente, uma onda separatista e nacionalista provocou a fragmentação territorial de diversos países como a Iugoslávia, a Checoslováquia e a própria União Soviética em 1991.

Várias ex-repúblicas soviéticas fundaram um bloco, a CEI (Comunidade dos Estados Independentes) com o objetivo de manter os laços de interdependência econômica e geopolítica. Os países integrantes da CEI são: Rússia, Ucrânia, Belarus, Moldávia, Armênia, Azerbaijão, Casaquistão, Usbequistão, Turcomênia, Tadjiquistão e Quirguízia.

Países integrantes da CEI

Fonte: Com

A partir da década de 1990, as nações do Leste Europeu e da CEI começaram a implementar o capitalismo e a democracia. Mas, em vários países, a transição do socialismo real para o capitalismo foi mal conduzida. No período do socialismo real, a maior parte da população tinha acesso aos serviços sociais básicos como saúde e educação, além de emprego nas empresas do governo.

89

A introdução do capitalismo reduziu os gastos dos governos nos serviços sociais e muitas empresas foram privatizadas, ou seja, vendidas para empresários particulares. Vários países foram atingidos pela recessão econômica na década de 1990 e precisaram de empréstimos do FMI (Fundo Monetário Internacional) e do Banco Mundial.

Algumas consequências sociais foram dramáticas, houve um aumento do desemprego e da pobreza. Na Rússia atual, indigentes são vistos em abundância nas ruas de cidades como Moscou. Houve aumento do crime organizado e da violência. O quadro de saúde decaiu, a expectativa de vida dos russos hoje é inferior a do Brasil.

Em 1998, a Rússia atravessou uma grave crise financeira, com a interrupção no pagamento da dívida externa e desvalorização de sua moeda. Nos anos 2000, a economia só voltou a crescer devido às exportações de matérias-primas como o petróleo.

Mesmo com a crise, algumas nações apresentam maior êxito na transição para a economia capitalista. São exemplos: Polônia, Hungria, República Checa e Eslovênia. Como são países mais industrializados e com melhor qualidade de vida, foram aceitos na União Europeia e receberam vultosos investimentos estrangeiros nos últimos anos.

Nações do Leste Europeu

Polônia

Durante os anos de 1980, a oposição polonesa contra o governo socialista ditatorial foi marcada pela luta dos trabalhadores. O principal líder de oposição foi Lech Walesa, ativista do Sindicato Solidariedade, que representava os operários da região portuária de Gdansk e contava com o apoio da Igreja Católica. Fundado em 1980, esse sindicato foi um marco na luta por um sindicalismo livre da tutela do governo.

A partir do fim da ditadura, Lech Walesa tornou-se presidente da república em 1990 por meio de eleições livres, mas seu governo teve pouco êxito. No que se refere à economia, a Polônia é uma das nações mais industrializadas do Leste Europeu. A industrialização esteve associada ao aproveitamento dos recursos naturais. A presença de carvão na região da Silésia, ao sul do país, favoreceu o desenvolvimento da siderurgia e da metalurgia. Na costa do mar Báltico, região de Gdansk, desenvolveu-se a construção naval. O país também é um importante produtor agrícola, com destaque para a produção de trigo e beterraba açucareira.

República Checa e Eslováquia

Com a democratização, os novos governantes não conseguiram manter o país unido. As divergências entre as lideranças de checos e eslovacos levaram a desintegração do país em 1993. Desse modo, surgiam duas novas nações, a República Checa e a Eslováquia.

A República Checa é mais rica e industrializada. As duas principais regiões do país são a Boêmia que concentra a indústria siderúrgica, metalúrgica e têxtil, e a Morávia, área produtora de carvão mineral. Os checos são conhecidos no mercado internacional pela produção de cristais de excelente qualidade.

A Eslováquia é menos desenvolvida que a República Checa, desse modo, o setor agrário ainda é representativo na produção de cereais.

A Eslováquia tem atravessado dificuldades como baixo crescimento econômico, decadência de sua indústria de armamentos, além do alto índice de desemprego. Boa parte de sua mão de obra qualificada trabalha na República Checa.

Praga, capital da República Checa.

Hungria

Situada na porção central do continente europeu, a Hungria ocupa uma planície cortada pelo rio Danúbio que, por sua vez, corta a capital, Budapeste. No ano de 1956, a Hungria, liderada por Imre Nagy, tentou libertar-se da influência soviética e implementar um regime democrático. Porém, a iniciativa durou pouco. O governo da União Soviética não gostou e liderou uma intervenção militar por meio das tropas do Pacto de Varsóvia. Muitos húngaros protestaram nas ruas contra a invasão e foram brutalmente reprimidos com saldo trágico de 25 mil mortos.

Após a intervenção, instaurou-se um governo favorável aos soviéticos, comandado por Janos Kádar. Com a democratização do país na década de 1990, houve a retomada dos investimentos estrangeiros. Os setores industriais de base ainda são importantes, principalmente os ramos siderúrgico e metalúrgico, porém há uma expressiva expansão da indústria de bens de consumo.

Bulgária

A Bulgária é um dos países do Leste Europeu com maior dificuldade na transição para a economia de mercado. O país é pouco industrializado e a agricultura desempenha um papel importante na economia. Destaca-se o cultivo de cereais no vale do rio Danúbio, além da produção de tabaco e uva. Os búlgaros produzem óleo de rosas em grande quantidade, produto exportado para indústrias de cosméticos de vários países.

O país apresenta diversidade étnica. A principal questão envolve a minoria turca distribuída por três regiões do país. Os turcos resistem às tentativas de assimilação étnica liderada pelo governo, ou seja, a cultura islâmica estaria ameaçada pela valorização da cultura, língua e religião búlgaras. O país ingressou na União Europeia em 2007.

Romênia

A introdução da democracia política não superou as dificuldades econômicas e sociais da Romênia. Os setores econômicos importantes são a siderurgia, a exploração de madeira e o petroquímico, devido às reservas de petróleo na região do mar Negro. A agricultura produz milho, cevada, beterraba e uva. A pecuária bovina, ovina e suína concentra-se ao sul, na região da Valáquia, ao longo dos terrenos planos que margeiam o rio Danúbio.

A Romênia também apresenta problemas com minorias étnicas. A principal se refere aos húngaros que habitam a área montanhosa dos Alpes da Transilvânia na porção central do país, região famosa pela lenda do "Conde Drácula". O país ingressou na União Europeia em 2007.

Albânia

A Albânia é um país de população muçulmana, sendo um dos mais pobres do Leste Europeu. Os albaneses dispõem de razoáveis reservas de petróleo. A instabilidade política e a crise econômica estimularam a migração de albaneses para países da União Europeia.

Você sabia?

Ciganos

Ciganos em situação de pobreza na Romênia.

O Leste Europeu concentra o maior contingente de ciganos do mundo, só na Romênia vivem 2,5 milhões. Os ciganos possuem língua e cultura próprias, sendo famosos por serem especialistas em artes divinatórias, como a leitura de cartas e das mãos. Tradicionalmente, estão envolvidos no comércio de cavalos em vários países, e alguns grupos ainda cultivam hábitos nômades, ou seja, migram regularmente. Também apresentam danças e roupas bastante peculiares.

Em vários países, os ciganos enfrentam problemas, visto que são discriminados pelas etnias majoritárias. Nos anos 2000, o preconceito contra ciganos ganhou força em países como a França e a Espanha, inclusive com ameaças de expulsão.

Na década de 1990, em razão da crise econômica, revigoraram as rivalidades entre as etnias iugoslavas, impulsionando a fragmentação do país. A Eslovênia foi a primeira república a declarar-se independente. Dessa maneira, a Iugoslávia perdia a região com maior renda per capita.

Em seguida, a Croácia declarou independência. O governo central iugoslavo, controlado pelos sérvios, opôs-se e enviou tropas para conter os separatistas, mas nada adiantou. Ao sul, a Macedônia também se declarou independente. Um dos principais problemas do país é a tensão étnica entre macedônios e a minoria formada por albaneses (30% da população).

Na Bósnia-Hezergóvina, a independência aconteceu em 1995, após uma guerra civil entre grupos étnicos que resultou na morte de 200 mil pessoas.

O conflito opôs os sérvios, que desejavam a permanência na Iugoslávia, aos croatas e muçulmanos, defensores da independência.

Destruição em Sarajevo, capital da Bósnia-Hezergovina, durante a guerra civil na década de 1990.

A paz veio com a intervenção da OTAN (Organização do Tratado do Atlântico Norte) e da ONU. Um tratado de paz (Dayton) fez com que o país fosse administrado da seguinte maneira: 49% do território com controle sérvio, enquanto 51% passou a ser controlado pelos muçulmanos e croatas.

Kosovo

Após a independência da Bósnia, a Iugoslávia passou a ser integrada apenas pelas repúblicas da Sérvia, de Montenegro e pelas regiões autônomas de Kosovo (maioria albanesa) e Voivodina (minoria húngara).

Entretanto, houve a eclosão de um novo conflito em 1999. Na região de Kosovo, os albaneses, que representam 90% da população, rebelaram-se contra o governo central iugoslavo reivindicando maior autonomia política. Houve a formação de uma guerrilha separatista albanesa, o ELK (Exército de Libertação do Kosovo).

Slovodam Milosevick ordenou a invasão de Kosovo pelas tropas militares, controladas pelos sérvios, com o objetivo de evitar que Kosovo se transformasse em um país independente. A partir de então, começaram violentos confrontos entre os rebeldes e as forças iugoslavas.

Em 2008, o governo de Kosovo faz uma declaração unilateral de independência, causando polêmica na comunidade internacional. A princípio, a Sérvia e a Rússia foram contrárias à independência. Porém, Kosovo contou com o apoio de potências como os Estados Unidos, Alemanha e França.

Independente da Sérvia, Montenegro terá mais facilidade para ser aceito na União Europeia, uma vez que já adotava do euro ao invés da moeda sérvia, o dinar. Assim, o fator econômico influenciou bastante na decisão dos eleitores.

Comemorações pela independência de Montenegro (2006).

Ucrânia

Com cerca de 49,1 milhões de habitantes, a Ucrânia é o segundo país mais importante da CEI, apenas atrás da Rússia. O país apresenta uma forte base industrial, com destaque para os setores: metalúrgico, químico, mecânico e bélico. A principal região industrializada é Donbass, onde se destaca a siderurgia, em razão das imensas reservas de carvão mineral e ferro.

Igreja ortodoxa em Kiev, capital da Ucrânia.

Na década de 1990, por causa das pressões internacionais, o governo ucraniano cedeu seu arsenal nuclear para os russos. Em contrapartida, a Ucrânia passou a ter acesso mais facilitado aos investimentos estrangeiros.

A Ucrânia encontra-se pressionada por duas forças poderosas. O lado leste, com religião cristã ortodoxa, é fortemente influenciado pela Rússia. Já o lado oeste, com religião católica romana, recebe expressiva influência dos países ocidentais (União Europeia e Estados Unidos).

> **Você sabia?**
>
> ### Brasil e Ucrânia: acordo no setor aeroespacial
>
> Os governos do Brasil e da Ucrânia selaram um acordo importante de parceria no setor aeroespacial. Fundaram uma empresa binacional, a ACS (Alcântara Cyclone Space). Trata-se do lançamento de foguetes e satélites a partir da base localizada em Alcântara, ilha no estado do Maranhão. O foguete a ser lançado é o Cyclone-4. O setor aeroespacial pode ser bastante lucrativo para os dois países que poderão lançar satélites de outros países com alto retorno financeiro. Além disso, o domínio do setor aeroespacial é fundamental para uma potência emergente como Brasil.
>
> Disponível em: <http://www.inforel.org/fotoNoticia/cyclone4.jpg>. Acesso em: jul. 2012.
>
> Representação artística do foguete Cyclone-4, Brasil e Ucrânia.

Países Bálticos

Estônia, Letônia e Lituânia são três pequenos países localizados na orla do mar Báltico. Essas nações tiveram poucos períodos de independência política. Na Segunda Guerra (1939-1945) foram anexados pela União Soviética. A independência aconteceu com a desintegração soviética em 1991.

Em razão da repressão política durante o período soviético, a população local cultiva um forte ressentimento em relação aos russos. É por isso que a principal tensão étnica acontece entre a população báltica e as minorias russas que habitam seus territórios. As nações bálticas recusaram-se a aderir à CEI e preferiram integrar-se à União Europeia e à OTAN (Organização do Tratado do Atlântico Norte).

Quanto às atividades econômicas, a Estônia apresenta atividade industrial concentrada na capital, Talim, destacam-se os setores: petroquímico, naval e mecânico. A Letônia apresenta uma economia fundamentada na pesca, além da produção agrícola e industrial, especialmente nos setores têxtil, alimentício e siderúrgico.

A Lituânia é a república mais industrializada e populosa da região, com base industrial liderada pelos setores alimentício, petroquímico e mecânico. Os lituanos também desenvolvem uma razoável atividade agrícola, com destaque para culturas temperadas: trigo, linho, cevada, beterraba e laticínios.

Belarus é governada praticamente de modo autoritário pelo presidente Aleksander Lukachenko. É a república da CEI que mantém os mais estreitos laços de cooperação geopolítica com a Rússia. Sua atividade industrial concentra-se na capital, Minsk.

A Moldávia encontra-se numa situação instável, visto que recebe influência tanto da Rússia quanto da Romênia, com a qual faz fronteira. Os moldávios são 60% da população e falam romeno. O restante da população é formada pelas minorias russa e ucraniana (região do Transdiniester ou

Transdinístria). Essas minorias rejeitam a possibilidade de integração com a Romênia. O país também apresenta problemas com uma minoria turca cristã (região da Gaugázia). A Moldávia depende essencialmente da atividade agrícola, especialmente de uva e tabaco.

Talim, capital da Estônica.

Países do Cáucaso

Na região dominada pela cadeia montanhosa do Cáucaso, localizada entre os mares Negro e Cáspio, localizam-se a Armênia, a Geórgia e o Azerbaijão. Trata-se de uma região com enorme diversidade étnica e religiosa, além de ser marcada por diversos conflitos e instabilidade política.

Um dos principais problemas da região é o conflito entre a Armênia, cuja maioria da população é cristã ortodoxa, e o Azerbaijão, que apresenta população muçulmana. Os dois países disputam o enclave de Nagorno Karabakh, que se situa no interior do Azerbaijão, mas com população armênia. As negociações de paz entre azeris e armênios pouco evoluíram e a situação continua tensa entre os dois países.

Do ponto de vista econômico, a Armênia destaca-se na indústria têxtil, extração de água mineral e cultivo de uva. O Azerbaijão é um importante exportador de petróleo e gás natural, cujas principais reservas estão na região do mar Cáspio.

A instabilidade política interna também marca a Geórgia, cuja população é de maioria cristã ortodoxa. O governo enfrenta dois movimentos separatistas. Na região da Abkásia, os abkasianos (georgianos com religião muçulmana) desejam a independência em relação ao restante do país. Na região da Ossétia do Sul, os russos que habitam a região desejam integrar esse território ao da região limítrofe da Ossétia do Norte, que hoje pertence à Federação Russa.

Em 2008, o governo georgiano resolveu reprimir os separatistas ossetianos. A Rússia reagiu e fez uma intervenção militar na Geórgia em prol da Ossétia do Sul. As tropas russas avançaram no território do país e destruíram parte do aparato militar georgiano. Apesar da assinatura de um acordo de paz, a Rússia reconheceu a "independência política" da Abkásia e da Ossétia do Sul com o objetivo de enfraquecer o governo da Geórgia.

> **Você sabia?**
>
> ### Países da Ásia Central
>
> Os países da Ásia Central são, de modo geral, desérticos e com predomínio da religião islâmica. O país mais importante é o Cazaquistão, com maior área territorial e rico em recursos minerais como carvão, ferro, zinco, titânio, chumbo, cobre e manganês. O país recebe investimentos estrangeiros para a exploração de petróleo na região do Mar Cáspio. Para isso, estão sendo ampliados os gasodutos que transportam petróleo em direção aos países consumidores, a exemplo da União Europeia e China.
>
> A Turcomênia também apresenta grandes reservas de petróleo e gás natural. O Uzbequistão é o país mais populoso da região com 27,4 milhões de habitantes, é pouco industrializado e destaca-se na produção de algodão, gás natural e carvão mineral.
>
> A Quirguízia ou Quirguistão apresenta economia dependente da agricultura e da exploração mineral. O país atravessa forte instabilidade política e conflitos étnicos entre quirguizes e uzbeques nos últimos anos. O Tadjiquistão tem uma economia baseada na mineração. Na década de 1990, o país atravessou uma guerra civil entre os neossocialistas, apoiados pelas etnias usbeque e russa, e os fundamentalistas islâmicos de etnia tadjique. O conflito deixou um saldo de mais de 50 mil mortos. Apesar da estabilização política nos anos 2000, o país permanece como o mais pobre da Ásia Central.
>
> Arquitetura islâmica em Samarcanda, Usbequistão.

Federação Russa

A Federação Russa é um dos BRICS, grupo formado por Brasil, Rússia, Índia, China e a África do Sul, as cinco grandes potências emergentes do mundo atual. A Rússia é o maior país do mundo em área, apresentando um território com 17 075 400 km². Nesse território, vivem cerca de 140 milhões de habitantes, a sexta maior população do mundo. Embora a maioria da população seja composta por russos, existem diversos outros povos minoritários com cultura e religião próprias.

Mesmo após o término da União Soviética, a Federação Russa manteve grande parte de seu poderio geopolítico, visto que permaneceu com a maior parte do arsenal de armamentos nucleares. O país atravessou uma severa crise econômica em 1998, necessitando de ajuda do FMI (Fundo Monetário Internacional). A partir da década de 2000, a economia russa se recuperou graças à abundância e diversidade dos recursos naturais. Na verdade, trata-se da nação mais rica do mundo em recursos minerais e energéticos, já exportados para várias regiões do mundo. O país dispõe de imensas quantidades de carvão mineral, ferro, petróleo, gás natural, urânio e diamantes.

A Rússia conta com rios de grande potencial hidrelétrico e fartos recursos florestais. Os setores industriais mais valorizados foram o siderúrgico, metalúrgico, mecânico, aeroespacial e bélico. Nos últimos anos, com a introdução do capitalismo, expande-se a indústria de bens de consumo e de alta tecnologia.

Mesmo a partir da década de 1990, a atividade agrícola russa continua apresentando problemas como falta de recursos para financiamento e o declínio na produção, fato que repercutiu em várias crises de abastecimento. O país acabou se tornando um importador de alimentos para incrementar as necessidades locais.

A crise financeira de 2008 abalou a economia russa devido à redução das exportações de petróleo e recursos minerais.

Considerando o mapa abaixo, observa-se que a maior parte da população das cidades e das áreas agropecuárias russas concentra-se na porção europeia, à oeste dos Montes Urais.

Fonte: Com base em FERREIRA, Graça Maria Lemos. *Atlas Geográfico Espaço Mundial*. São Paulo: Moderna, 2010.

Nas proximidades do mar Báltico, a região de São Petersburgo destaca-se nos setores têxtil, fabricação de papel e construção naval. A região de Moscou, capital russa, centro financeiro e maior metrópole do país, apresenta indústrias diversificadas com o predomínio dos setores têxtil, automobilístico, ferroviário, aeronáutico, eletroeletrônico e siderúrgico. À leste, temos a bacia do rio Volga com importantes cidades industriais como Nijni Novgorod, Tula, Kazan e Volvogrado.

Na parte asiática, a menos povoada do território russo, localiza-se uma das regiões mais frias do mundo, a Sibéria. Nessa região, houve maior concentração de população, cidades e indústrias ao longo da maior ferrovia do planeta, a transiberiana.

Na região dos Montes Urais tem-se grande exploração de minério de ferro. Isso permitiu que se tornasse um importante polo da indústria siderúrgica e metalúrgica, onde se sobressaem as cidades de Magnitogosk, Ekaterinburgo e Tyumen.

Ao longo da transiberiana, sucedem-se cidades industriais como Novosibirsk, Bratski, Irkutski e Vladivostok. Na Sibéria, localizam-se áreas de exploração de recursos minerais e energéticos. A região de Tyumen, em plena planície siberiana, concentra a exploração de petróleo e gás natural, enquanto a região Krasnoyarsk Krai destaca-se na exploração florestal e pelas grandes reservas de carvão mineral e urânio. No leste siberiano, encontra-se uma importante área de exploração de diamantes.

Mineração de diamantes, em República Saha, na Rússia.

Chechênia e Daguestão: separatismo e terrorismo

A Federação Russa constitui um Estado integrado por vários povos distribuídos por diversas repúblicas e regiões autônomas. O principal movimento separatista localiza-se na **Chechênia**, uma minúscula república localizada na região da cadeia montanhosa do Cáucaso. A Chechênia apresenta razoáveis reservas de petróleo e população com religião muçulmana.

Na década de 1990, os líderes chechenos ousaram até declarar a independência para espanto do governo russo. Entretanto, para sufocar a rebelião, as forças armadas russas são enviadas ao território checheno. Os violentos confrontos entre o exército russo e os rebeldes deixaram boa parte da capital, Grosni, em ruínas. Na repressão aos chechenos, as tropas russas cometeram diversas atrocidades que atingiram principalmente a população civil.

O governo russo conseguiu conter os separatistas, mas a tensão permaneceu. A partir de então, o território russo tem sido alvo de atentados terroristas promovidos por extremistas chechenos. Em 2004, terroristas chechenos tomaram uma escola em Beslan, na república russa da Ossétia do Norte. Os conflitos entre os rebeldes e as tropas russas tiveram um saldo trágico com centenas de mortes, em grande parte, crianças.

Você sabia?

Grupo rebelde da Chechênia assume autoria de ataques a Moscou

O líder rebelde da Chechênia Doku Umarov assumiu a responsabilidade pelo duplo atentado contra duas estações de metrô de Moscou, capital da Rússia, que deixou ao menos 39 mortos em 2010.

A declaração contraria um porta-voz do grupo islâmico Emirado do Cáucaso, liderado por Umarov, que disse mais cedo à agência de notícias Reuters que não era responsável pelas explosões nas estações do metrô.

Em um vídeo postado no *site* rebelde não oficial Kavkazcenter, Umarov diz ter ordenado pessoalmente os ataques, perpetrados por duas mulheres-bomba. Ele alerta ainda que novos atentados serão realizados em solo russo.

"Como vocês sabem, em 29 de março, em Moscou, duas operações especiais foram realizadas para destruir os infiéis e enviar um cumprimento ao FSB [antiga KGB]", disse Umarov, no vídeo de quatro minutos e meio.

A primeira das explosões aconteceu na estação Lubianka, próxima à sede do FSB, a principal força de segurança nacional.

"Ambas as operações foram realizadas sob meu comando e não serão as últimas", continuou Umarov, em um vídeo que tinha como fundo um cenário parecido com o de uma floresta.

Umarov, contudo, não faz citação ao duplo atentado desta quarta-feira que deixou ao menos 12 mortos, a maioria policiais, na cidade de Kizlyar, na república russa do Daguestão, no Cáucaso.

Com forte sotaque, Umarov fala em russo e diz ter gravado o vídeo no dia do atentado a Moscou – dois dias antes, portanto, dos ataques no Daguestão.

O líder rebelde já havia declarado no mês passado que levaria a insurgência para as cidades russas, após a perda de vários líderes mortos por policiais russos.

O Emirado do Cáucaso tem como objetivo criar um Estado baseado na sharia, a lei islâmica, separado da Rússia e que incluiria toda a região do Cáucaso. Eles assumiram a autoria, em dezembro passado, da explosão que descarrilou o trem do luxuoso Expresso Nevsky, entre Moscou e São Petersburgo, e deixou 26 mortos e dezenas de feridos.

O vídeo foi confirmado nesta quarta-feira pelo Centro Americano de Vigilância de Páginas Islâmicas (SITE) na Internet.

O *site* rebelde KavkazCenter, contudo, já apresentou no passado declarações de militantes reivindicando ataques, que foram posteriormente desqualificadas pelas autoridades. Em agosto do ano passado, por exemplo, os militantes assumiram a responsabilidade por um desastre em uma represa siberiana, que matou 70 pessoas. As autoridades atribuíram a tragédia a um problema técnico.

O governo russo, que fez duras declarações contra o terrorismo e prometeu endurecer a pena contra este tipo de crime, afirmou nesta quarta-feira que os dois ataques podem estar relacionados e a suspeita recai, desde os ataques de segunda-feira, sobre os terroristas do Cáucaso Norte.

Analistas de segurança apontavam o Emirado do Cáucaso como um suspeito potencial pelos ataques ao metrô de Moscou.

Há mais de uma década, a Rússia enfrenta uma insurgência de baixa intensidade nas repúblicas do Daguestão e Inguchétia, depois de duas guerras contra separatistas da Chechênia – todas elas regiões do Cáucaso. O governo diz ter tido algum sucesso na pacificação da Chechênia, mas em outros lugares a situação se deteriorou, com tiroteios e explosões.

Os ataques são exemplo da acrescente violência que a Rússia enfrenta com a insurgência do Cáucaso Norte, que deve estar no centro do debate para as eleições presidenciais de 2012.

Moscou

Nesta segunda-feira (29), duas mulheres-bomba detonaram os explosivos que levavam junto ao corpo durante a hora do *rush* do metrô de Moscou.

O primeiro atentado aconteceu às 7h57 (0h57 no horário de Brasília) em um vagão parado na estação Lubianka. A Praça Lubianka abriga a sede do FSB, sucessor da KGB soviética, que neste edifício interrogava e eliminava os dissidentes durante as punições da então União Soviética.

O segundo atentado foi executado na estação Park Kultury, na mesma linha do metrô, às 8h40 (1h40 no horário de Brasília). A estação fica próxima ao Parque Gorky.

Em ambos os casos, as bombas foram detonadas quando os trens chegaram na estação e as portas estavam abrindo.

Dois dias depois, um duplo ataque a bomba matou ao menos 12 pessoas e deixou outras 23 feridas na cidade de Kizlyar.

A primeira explosão foi resultado de um carro-bomba. Os relatos, contudo, ainda são divergentes. Fontes dizem que um homem detonou um Niva preto depois que um agente de trânsito tentou parar o veículo. Já o Comitê federal de Investigação da Rússia diz que o Niva estava estacionado quando a explosão ocorreu – o que indica que poderia ter sido acionado a distância.

Logo em seguida, um terrorista vestido com uniforme de policial entrou em uma multidão de policiais e curiosos que observavam a cena e detonou os explosivos que carregava consigo – uma tática comum entre os insurgentes do Cáucaso Norte, que atacam agentes de segurança quase diariamente na região.

As imagens de televisão mostram dois carros destruídos e uma cratera profunda em uma rua repleta de árvores e uma escola – que teve os vidros destruídos e parte do telhado arrancado pelas explosões. A imprensa russa relata que não havia crianças no local.

Um porta-voz da polícia provincial disse que o chefe de polícia de Kizlyar Vitaly Vedernikov está entre as vítimas dos ataques.

Entre as vítimas, estão ainda nove policiais, segundo a agência de notícias Associated Press.

O Daguestão é uma república de maioria muçulmana margeada pelo mar Cáspio, abriga diversas etnias e sofre com a violência da insurgência islâmica e de disputas entre clãs rivais. Em janeiro, em Makhachkala, capital do Daguestão, um homem-bomba detonou um carro cheio de explosivos em uma delegacia de polícia, matando seis agentes.

Disponível em: <http://www.folha.uol.com.br/folha/mundo/ult94u714684.shtml> Acesso em: jul. 2012.

ATIVIDADES

1 Cite dois motivos da crise do socialismo real no Leste Europeu e na Rússia no final da década de 1980.

2 Cite três problemas sociais decorrentes da implantação do capitalismo nos países do Leste Europeu e CEI a partir da década de 1990.

3 Qual é o papel do Sindicato Solidariedade e de Lech Walesa nas transformações políticas na Polônia?

_____

_____

_____

4 A Albânia pode ser considerada a nação mais rica do Leste Europeu? Justifique sua resposta.

_____

_____

_____

_____

5 Quais são as causas da fragmentação da Iugoslávia? Cite dois novos países que surgiram deste processo.

_____

_____

_____

6 Assinale as afirmações incorretas.

a) A Polônia apresenta importante atividade industrial, exploração de carvão mineral e produção agrícola (trigo e beterraba). ( )

b) A indústria siderúrgica é importante na Hungria e na Polônia. ( )

c) Na atualidade, a Checoslovaquia é o país mais moderno e industrializado do Leste Europeu. ( )

d) A Albânia é o país com melhor qualidade de vida e nível tecnológico do Leste Europeu. ( )

7 Mencione os principais problemas étnicos existentes na Bulgária e na Romênia.

_____

_____

_____

_____

_____

_____

8 Por que a população dos Países Bálticos apresenta dificuldades de convivência com os russos?

9 Qual é a principal causa de instabilidade na Geórgia?

10 Qual é o motivo do conflito entre o Azerbaijão e a Armênia?

11 Aponte alguns destaques econômicos dos países da Ásia Central.

12 Por que a Moldávia pode ser considerada uma espécie de "mosaico étnico"? Qual é o principal obstáculo à união com a Romênia?

13 Cite duas características, uma territorial e outra populacional da Rússia.

14 Sobre a Rússia, responda os itens:

a) Cite dois problemas internos da Rússia.

___

___

___

b) A Rússia é rica em recursos minerais? Justifique sua resposta.

___

___

___

___

15 Interprete o mapa Rússia – população e economia (página 98) para responder aos itens a seguir.

a) Cite quatro áreas de concentração industrial na Rússia.

___

___

___

b) Qual é a porção do país com maior concentração populacional?

___

c) Qual é o nome da principal ferrovia que integra a porção europeia com a porção asiática da Rússia?

___

d) Cite uma região produtora de petróleo e gás natural.

___

___

e) Mencione uma área produtora de minério de ferro.

___

___

___

___

16 Sobre a questão da Chechênia e do Daguestão, responda aos itens.

a) Qual é a principal reivindicação dos chechenos?

_____
_____
_____
_____

b) Qual foi a reação do governo russo diante da rebelião chechena?

_____
_____
_____
_____

c) Qual tem sido a postura dos rebeldes chechenos nos últimos anos?

_____
_____
_____
_____

17 A partir a leitura do texto "Grupo rebelde da Chechênia assume autoria de ataques a Moscou" (página 99), responda aos itens:

a) Como foram os atentados em Moscou?

_____
_____
_____
_____

b) Os rebeldes desejam a independência de quais regiões da Rússia?

_____
_____
_____

Capítulo 6
ÁFRICA: ASPECTOS FÍSICOS E PROBLEMAS AMBIENTAIS

Vamos conhecer a realidade ambiental africana em seus múltiplos aspectos. Desde a exuberância das paisagens naturais até os graves problemas ambientais que afligem o continente e agravam os problemas sociais.

A caça predatória ilegal coloca em risco vários animais africanos. Na foto, marfins retirados de elefantes.

Posição geográfica

A África apresenta uma extensão territorial de aproximadamente 30 milhões de km². É limitada ao norte pelo mar Mediterrâneo, a oeste pelo oceano Atlântico, a leste pelo oceano Índico e a nordeste pelo mar Vermelho. A maior parte do continente está na Zona Intertropical, entre a linha do equador e os trópicos de Câncer e Capricórnio. Na porção ocidental, a África é cortada pelo meridiano de Greenwich.

África – divisão política

Fonte: Com base em FERREIRA, Graça Maria Lemos. *Atlas geográfico espaço mundial*. São Paulo: Moderna, 2010. E CIA – The World Factbook. Disponível em: <www.cia.gov/library/publications/the-world-factbook/glos/su.html>. Acesso em: jul. 2012.

Relevo

O relevo africano é basicamente composto por planaltos e depressões. As grandes planícies restringem-se ao litoral e margeiam os rios de maior porte, como o Congo e o Nilo. As maiores altitudes são encontradas em planaltos montanhosos. No noroeste do continente, destacam-se os Montes Atlas, cadeia montanhosa nevada que se localiza em parte dos territórios do Marrocos, da Argélia e da Tunísia.

Na porção meridional do continente, no território da África do Sul, dispõem-se as Montanhas do Dragão (Drakensberg) e a Cadeia do Cabo. Constituem um magnífico conjunto montanhoso, estruturado sobre rochas antigas, que promove razoável redução de temperatura no país, principalmente no decorrer do outono e do inverno.

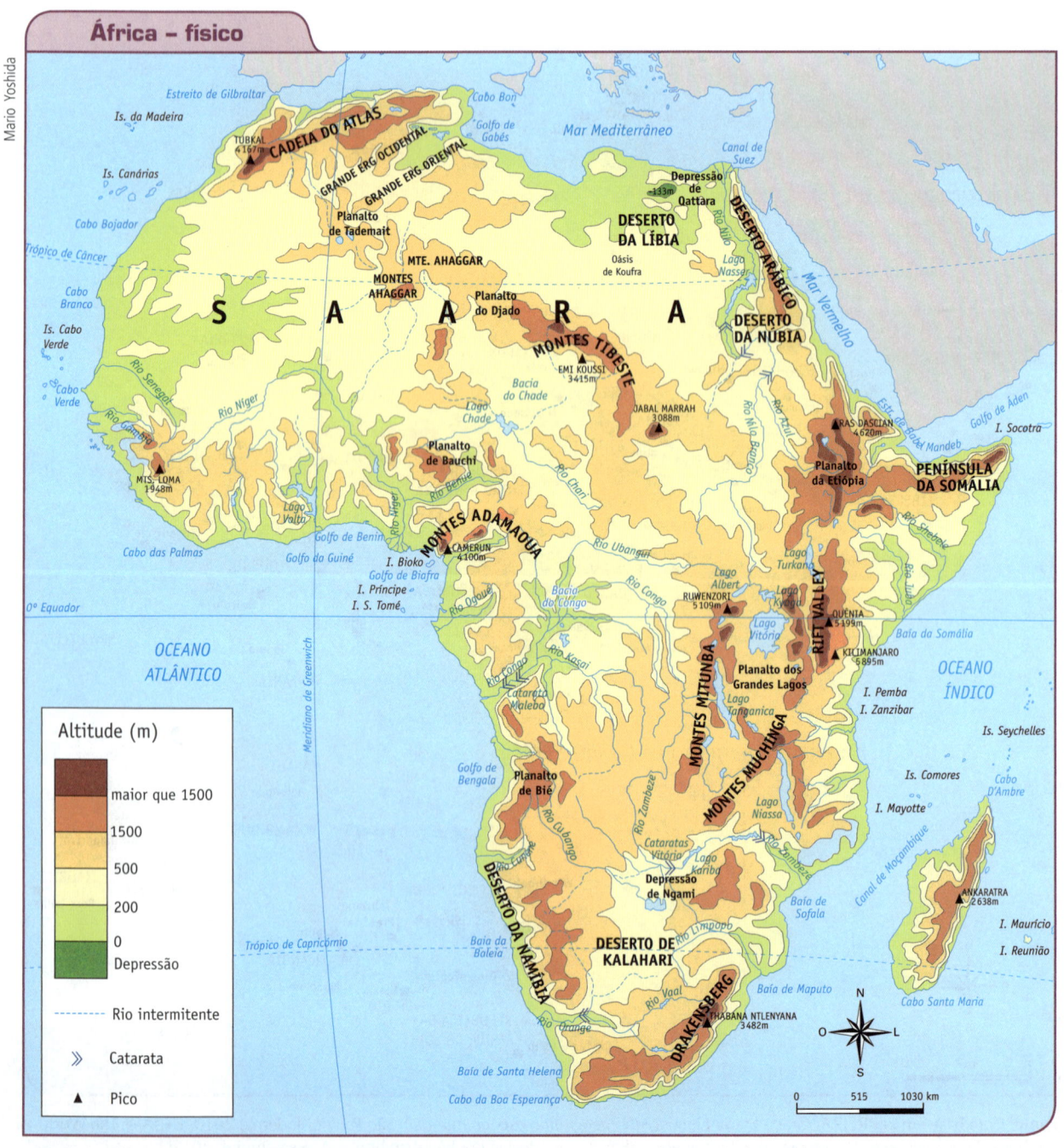

África – físico

Fonte: Com base em FERREIRA, Graça Maria Lemos. *Atlas geográfico espaço mundial*. São Paulo: Moderna, 2010.

Na porção leste, elevam-se imensos planaltos montanhosos que se distribuem da Etiópia até a Tanzânia. Essa porção é caracterizada pela ocorrência de falhas geológicas, isto é, algumas áreas que foram levantadas, enquanto outras foram rebaixadas. As áreas soerguidas tornaram-se elevados planaltos, cadeias montanhosas e vulcões. As porções baixas formam grandes depressões denominadas de vales de afundamento (Grande Vale de Rift). Nas áreas mais rebaixadas, aconteceu o acúmulo de água, levando a formação de grandes lagos como o Vitória, o Tanganica e o Niassa.

Também no leste africano, precisamente no Parque Nacional do Serengueti, território da Tanzânia, eleva-se o Monte Kilimanjaro, um vulcão adormecido que atinge 6000 metros, a maior altitude do continente. Mesmo localizado nas proximidades da linha do equador, as baixíssimas temperaturas impostas pela altitude permitem a formação de geleiras em seu cume. Na atualidade, parte dessas geleiras estão derretendo devido ao aquecimento global.

Maior altitude, menor temperatura. Ao fundo, o Monte Kilimanjaro recoberto de geleiras.

A importância dos rios

Na África existem três grandes rios. A porção central do continente recebe grande quantidade de chuvas, contribuindo para a formação do segundo maior rio do mundo em volume de água, o Congo. Esse rio atravessa duas vezes a linha do equador e deságua no oceano Atlântico.

No planalto Fouta Djalon, território da Guiné, porção oeste do continente, nasce o rio Níger. Esse rio percorre o Mali, o Níger e a Nigéria, desaguando na região do golfo da Guiné, oceano Atlântico.

O rio Nilo é o mais extenso da África. Ele nasce nas áreas montanhosas do leste africano, atravessa o Sudão, onde recebe um importante afluente, o rio Nilo Azul, proveniente da Etiópia. Depois rasga o território do Egito do sul para norte, desaguando na forma de um delta no mar Mediterrâneo, onde deposita seus sedimentos. O Nilo atravessa amplas áreas áridas do deserto do Saara; desse modo, possui secular importância para os povos locais no abastecimento de água e irrigação de cultivos agrícolas.

Rio Nilo.

Clima, vegetação e fauna

A posição geográfica da África, em sua maior parte situada entre o equador e os trópicos de Câncer e de Capricórnio, faz com que predominem os climas quentes. Entretanto, a distribuição da umidade é bastante irregular. Ocorrem desde grandes desertos até regiões muito úmidas.

A África apresenta grandes áreas com clima árido. Ao norte ocorre o Saara, o maior deserto do mundo. No sudoeste africano, destacam-se os desertos da Namíbia e do Calaari. Nesse meio, a vegetação é pouco desenvolvida, devido à escassez de água.

Nas bordas dos desertos ocorre uma região de transição, com um pouco mais de umidade, portanto, com clima semiárido. Ao sul do Saara, uma dessas áreas de transição é faixa do sahel, com a presença de uma vegetação de savana espinhenta. As condições de semiaridez, o desmatamento e o uso inadequado do solo (agricultura rudimentar e pastoreio nômade) têm causado o aumento das secas e a expansão do deserto.

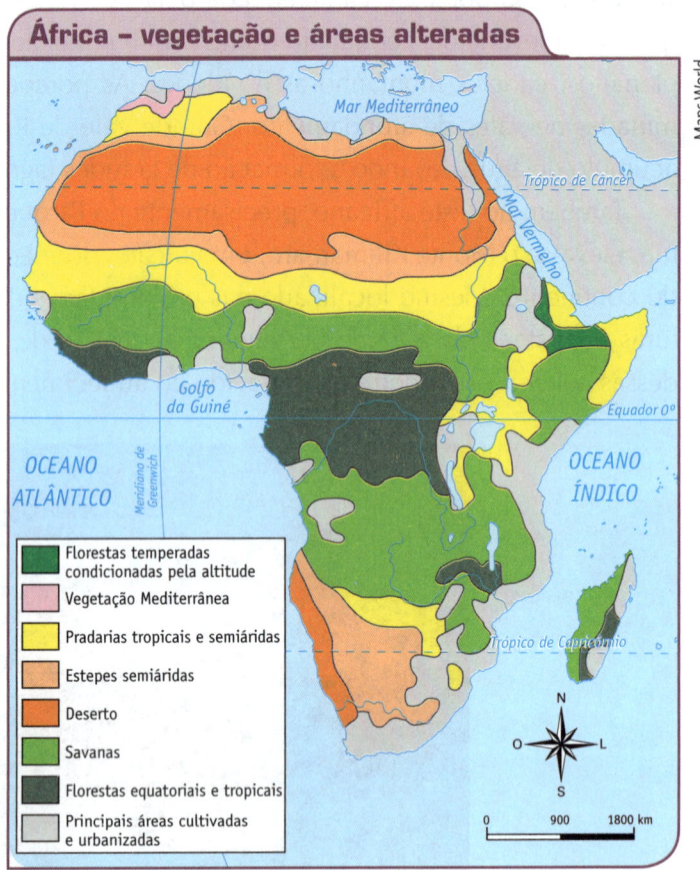

África – vegetação e áreas alteradas

Legenda:
- Florestas temperadas condicionadas pela altitude
- Vegetação Mediterrânea
- Pradarias tropicais e semiáridas
- Estepes semiáridas
- Deserto
- Savanas
- Florestas equatoriais e tropicais
- Principais áreas cultivadas e urbanizadas

Fonte: Com base em FERREIRA, Graça Maria Lemos. *Atlas geográfico espaço mundial*. São Paulo: Moderna, 2010.

Clima árido

Deserto com dunas

Deserto do Saara com dunas e dromedários.

Clima tropical

Savana

Savana africana com girafas.

Clima equatorial

temperaturas (°C) — precipitações (mm)

Floresta equatorial

Gorilas no interior de floresta equatorial.

Clima mediterrâneo

temperaturas (°C) — precipitações (mm)

Vegetação mediterrânea

Vegetação mediterrânea na África do Sul.

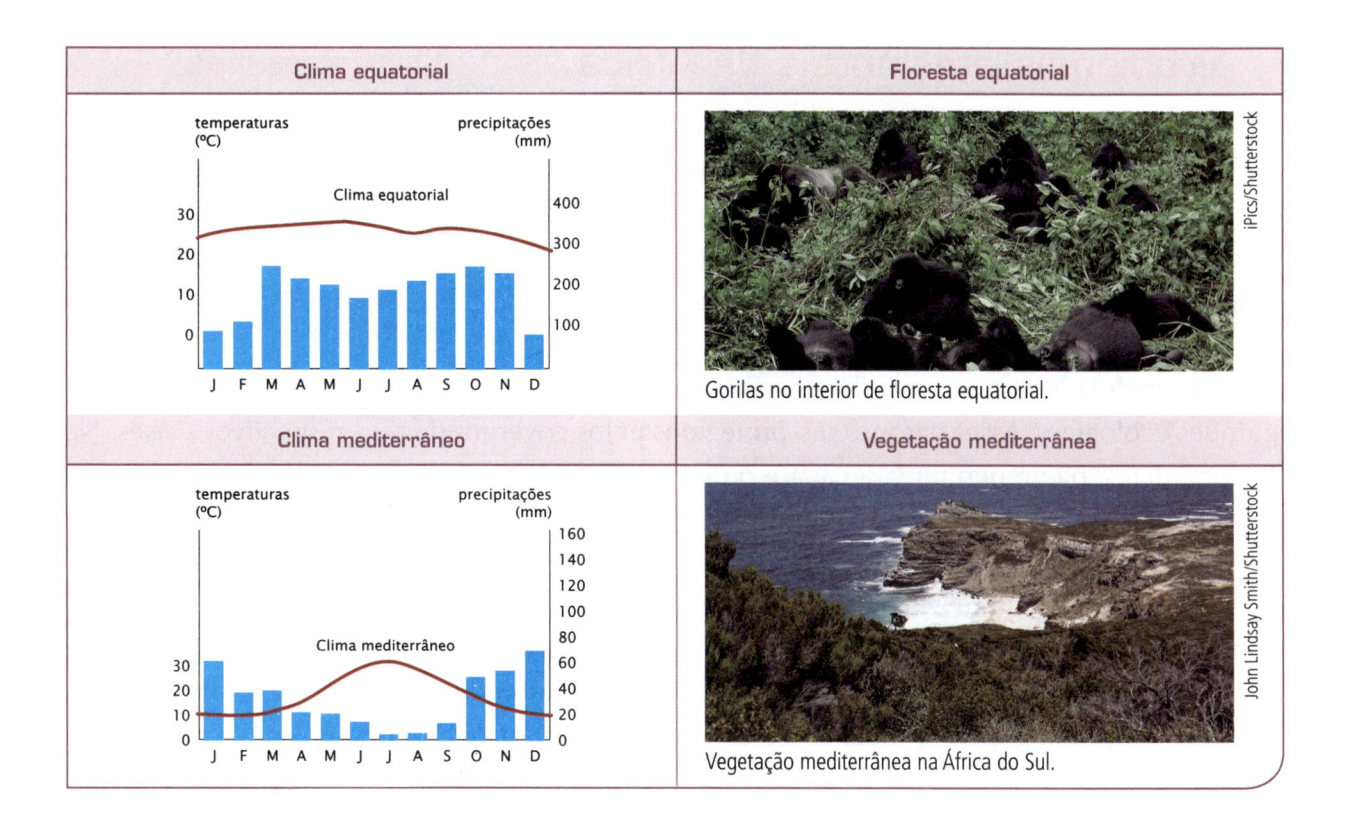

Desse modo, nas últimas décadas, têm-se agravado as condições de pobreza nos países da região do sahel. As constantes perdas das safras agrícolas e a instabilidade política em vários países tiveram como consequência o agravamento da subnutrição e crises devastadoras de fome na Etiópia, Somália e Sudão.

Nas áreas submetidas ao clima tropical, com inverno seco e verões chuvosos, desenvolveram-se as savanas, formações vegetais com o domínio dos estratos herbáceo e arbustivo, com árvores espaçadas. Nessa área, concentra-se a fauna africana de maior porte, composta por elefantes, rinocerontes, girafas, zebras, antílopes e leões.

Na porção centro-oeste do continente, as chuvas são intensas a maior parte do ano, configurando um clima equatorial. Nessa área se desenvolvem densas florestas. A Floresta Equatorial, localizada na bacia hidrográfica do rio Congo, assemelha-se à Amazônia brasileira. É uma das regiões com maior biodiversidade do planeta, com numerosas espécies de plantas, mamíferos, répteis, anfíbios, peixes, insetos e microrganismos. Nela destacam-se espécies como o chimpanzé, o gorila e o leopardo.

Apesar da dominância de climas quentes, existem áreas menores na África, com temperaturas mais baixas. A porção situada entre os Montes Atlas e o mar Mediterrâneo, denominada Magreb, apresenta clima mediterrâneo, com verões secos e invernos chuvosos. No Magreb, a vegetação natural é arbustiva, denominada de maquis e garrigue. Esse tipo de clima também ocorre no sudoeste da África do Sul, região do Cabo da Boa Esperança, onde existe uma flora diversificada e endêmica (exclusiva). Na porção sudeste do território sul-africano existe uma pequena área com clima subtropical e florestas.

Nas áreas montanhosas do continente, as temperaturas decrescem, e a vegetação e a fauna se adaptam com espécies endêmicas, que evoluíram para aguentar mais baixas temperaturas. A vegetação e parte da fauna dos montes Kilimanjaro e Quênia diferem do entorno composto por savanas tropicais.

Problemas ambientais da África

No século XIX, intensificou-se a colonização europeia no continente africano. Desde então, o desequilíbrio ecológico tem atingido a África. A subordinação do continente aos interesses capitalistas levou à exploração abusiva dos recursos naturais. Cresceu a exploração mineral e de petróleo. A ampliação das áreas de agricultura e pecuária, a exploração de madeira e a caça predatória têm devastado os ecossistemas africanos. Muitas espécies da fauna e flora beiram a extinção.

Na atualidade, a fauna e a flora originais da África estão cada vez mais circunscritas aos parques ecológicos. Esses parques são protegidos pelos governos de seus respectivos países. Na maioria deles, não é permitida a caça e o desmatamento. São exemplos os parques nacionais do Serengeti (Tanzânia), Tsavo e Masai Mara (Quênia) e Kruger (África do Sul).

Os governos de vários países africanos têm investido na conservação ambiental, inclusive com o objetivo de atrair visitantes estrangeiros em busca do turismo ecológico. Em países como o Quênia, a infraestrutura turística é bastante desenvolvida e importante na captação de recursos financeiros para o país. Em outros países, a instabilidade política e a violência entre grupos tribais inimigos têm dificultado a expansão do turismo e contribuído para a devastação dos ecossistemas.

Você sabia?

A geografia do gorila

Os gorilas são animais encontrados apenas no continente africano. Existem várias espécies de gorilas e seu *habitat* predileto são as florestas densas. Um das espécies mais raras é o gorila das montanhas, cujo nome científico é *Gorilla gorilla beringei*.

Ele atinge, quando adulto a altura de 1,80 m, com peso estimado entre 137 e 200 kg (macho), apresenta 60 anos de expectativa de vida e alimentação baseada em brotos, caules e folhas. Seu *habitat* natural são as florestas nebulosas encontradas nas montanhas do leste da África, que ocupam parte dos territórios de Ruanda, República Democrática do Congo e Uganda.

Essa espécie está muito ameaçada de extinção por causa da invasão humana no seu *habitat* para a exploração de madeiras e extração de recursos minerais. Décadas de caça predatória levaram a uma situação crítica. Calcula-se que o número total de sobreviventes não ultrapasse 600. Na floresta de Bwindi, em Uganda, são apenas 300. Os governos desses países têm empreendido esforços para proteger os gorilas, uma vez que atraem grande número de turistas estrangeiros.

Gorila africano em área de floresta.

ATIVIDADES

1 Responda às questões sobre o posicionamento geográfico dos países africanos. Utilize o banco de palavras a seguir e observe o mapa da página 107, da África.

> Maurício   Argélia   África do Sul   Sudão   Egito   Somália   Tunísia
> República Democrática do Congo   Quênia   Moçambique   Gabão   Uganda   Congo

a) Qual é o país africano com litoral nos oceanos Atlântico e Índico?

b) Qual é o país localizado no norte da África?

c) Qual é o país banhado pelos mares Vermelho e Mediterrâneo?

d) Qual é o país que faz divisa com a África do Sul e é banhado pelo oceano Índico?

e) Quais são os países atravessados pela linha do Equador?

f) Quais são os dois maiores países africanos em extensão territorial?

g) Qual é o país africano situado em um arquipélago?

2 Mencione três importantes áreas montanhosas do continente africano.

_____
_____
_____
_____

3 Qual é a importância do rio Nilo para os povos que vivem em suas imediações?

_____
_____
_____
_____
_____

4 Cite dois importantes desertos da África.

_____
_____
_____
_____

5 A respeito do relevo e da hidrografia da África, marque a afirmativa incorreta.

a) (   ) Na África, predominam os planaltos e as depressões.

b) (   ) As maiores planícies restringem-se à porção litorânea e às imediações dos grandes rios.

c) (   ) O maior lago tectônico africano é o de Vitória, nascente do rio Nilo.

d) (   ) O rio Nilo é perene, pois nasce numa região de clima desértico.

6 Comparando o mapa político da África (página 107) com o mapa de vegetação (página 110), mencione três países que apresentam florestas equatoriais.

_____
_____
_____
_____

7 Com base no perfil geoecológico e no contéudo do capítulo, responda os itens:

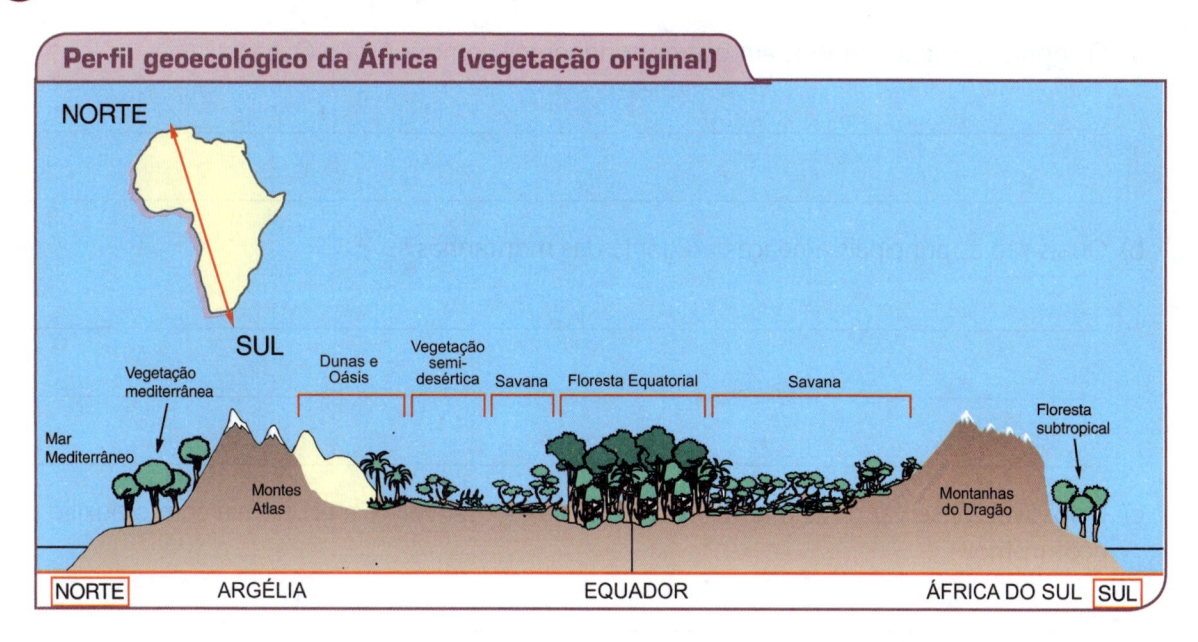

Perfil geoecológico da África (vegetação original)

NORTE — ARGÉLIA — EQUADOR — ÁFRICA DO SUL — SUL

Mar Mediterrâneo · Vegetação mediterrânea · Montes Atlas · Dunas e Oásis · Vegetação semidesértica · Savana · Floresta Equatorial · Savana · Montanhas do Dragão · Floresta subtropical

a) Que tipo de clima apresenta a maior quantidade de chuvas durante o ano? Em que porção da África ocorre?

___

b) Quais são as características da vegetação de savana? A que tipo de clima está relacionada?

___

c) Observando o perfil geoecológico, é possível afirmar que, em geral, as paisagens do Equador para o norte e do Equador para o sul se repetem?

___

115

8 Com base no texto "A geografia do gorila", responda:

a) Os gorilas são encontrados em outros continentes como a Ásia e Oceania?
_____
_____

b) Quais são as principais ameaças ao gorila das montanhas?
_____
_____
_____

c) É possível conservar o meio ambiente na África e desenvolver a economia com o auxílio do ecoturismo?
_____
_____
_____

9 Identifique o problema ambiental destacado na charge a seguir. Esse problema também acontece no Brasil?

_____
_____
_____
_____

10 Identifique o problema ambiental destacado na foto a seguir. Explique suas causas.

Seca assola país africano localizado na Faixa do Sahel.

O imperialismo europeu na África

Grande parte dos problemas da África atual resulta da dominação europeia à qual o continente foi submetido do século XIX até meados do século XX. Naquela época, os europeus alegaram que levariam a civilização e a modernidade à África, desenvolvendo o capitalismo e impondo a religião cristã. Mas, na verdade, essas pretensas boas intenções disfarçavam os objetivos reais, isto é, os europeus estavam interessados nos abundantes recursos naturais africanos, na mão de obra barata e na ampliação do mercado consumidor para os produtos fabricados no continente europeu.

Charge satiriza o imperialismo europeu no continente africano.

A "partilha da África" entre os principais países europeus foi ratificada pela Conferência de Berlim (1884). As potências europeias debruçaram-se sobre o imenso mapa africano e desenharam as fronteiras de suas colônias. A França e o Reino Unido ficaram com a maior parte das colônias, seguidos de Portugal, Bélgica, Espanha, Alemanha e Itália.

Após o fim da Segunda Guerra Mundial (1939-1945), a maioria das colônias africanas conquistou a independência política, tornando-se novos países. Em muitos lugares, a descolonização foi pacífica, em outros, os africanos lutaram firmemente pela liberdade, confrontando os colonizadores. A Argélia conseguiu sua independência à custa de uma guerra sangrenta contra os colonizadores franceses. Foi entre as décadas de 1960 e 1980, que a maioria das colônias conquistou a independência. Os últimos a se tornar independentes foram o Zimbábue (1980), a Namíbia (1990) e a Eritréia (1995).

Fonte: Com base em FERREIRA, Graça Maria Lemos. *Atlas geográfico espaço mundial.* São Paulo: Moderna, 2010.

População e indicadores sociais

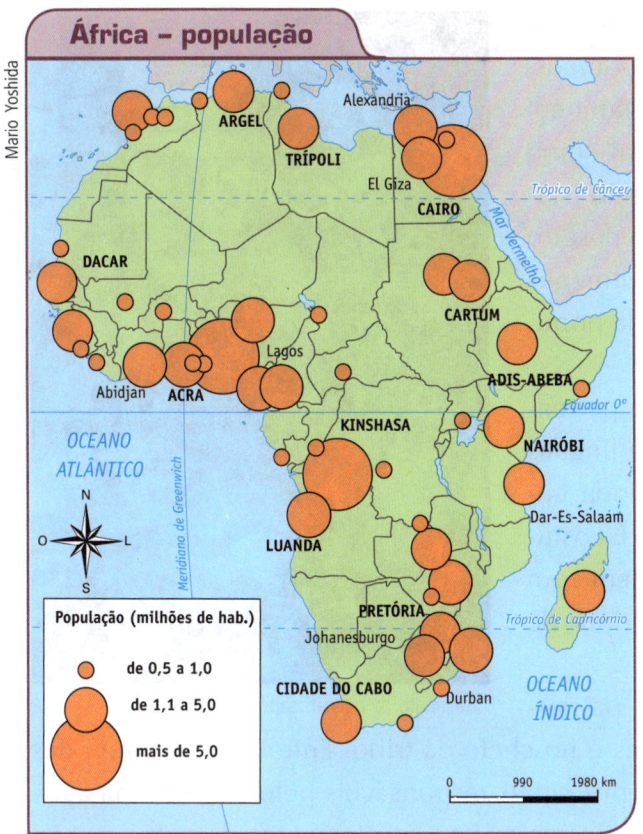

África – população

Fonte: Com base em FERREIRA, Graça Maria Lemos. Atlas geográfico espaço mundial. São Paulo: Moderna, 2010.

De modo geral, as populações africanas apresentam baixo padrão de vida. O crescimento populacional é acelerado, superando, em alguns países, 3% ao ano em relação à população total. As condições educacionais são precárias e o analfabetismo é elevado. No Níger, esse índice atinge cerca de 84% da população com mais de 15 anos de idade.

O acesso ao saneamento básico e à água potável é privilégio das elites. Os índices de mortalidade infantil estão entre os maiores do mundo, chegando a 117 em cada 1000 nascidos até 1 ano de idade em Angola. A subnutrição e a fome crônica atingem várias regiões do continente. Outro problema gravíssimo é a expansão de doenças parasitárias e infecciosas como a malária, doença do sono, esquistossomose, ancilostomose, poliomielite e AIDS.

Em grande parte dos países africanos ainda predomina a população rural, embora a urbanização tenha se intensificado nas últimas décadas. As metrópoles africanas apresentam inúmeros problemas sociais. É expressivo o número de desempregados e subempregados, a infraestrutura e os serviços prestados à população são precários, o transporte coletivo é de má qualidade e insuficiente e as periferias estão repletas de favelas.

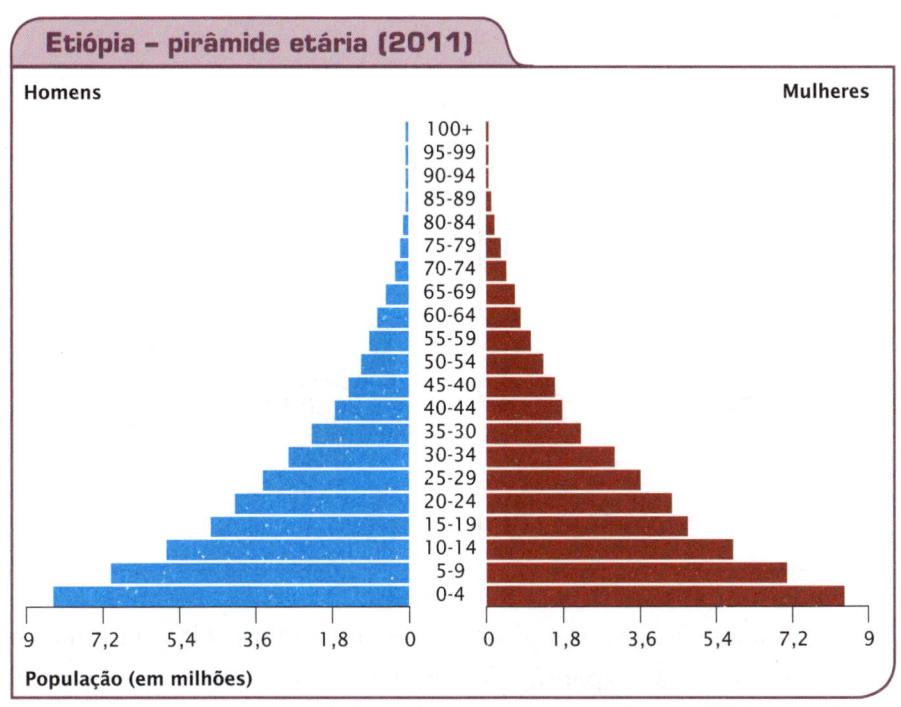

Etiópia – pirâmide etária (2011)

Fonte: U.S. Census Bureau. Disponível em: <http://www.census.gov/ipc/www/idb/country.php>. Acesso em: jul. 2012.

Diversidade cultural e religiosa

As populações africanas diferem bastante quanto à etnia e religião. No norte predominam povos brancos, principalmente árabes, bérberes e tuaregues. Também prevalece a religião islâmica ou muçulmana, tal como no Oriente Médio. Nos últimos séculos, a religião islâmica tem-se expandido para a porção ao sul do deserto do Saara. É cada vez maior o número de muçulmanos na África Negra. Na Tunísia, a grande maioria da população é muçulmana.

Ao sul do Saara, predominam povos negros pertencentes a diversos grupos étnicos, com hábitos e línguas diferentes. A organização social em tribos é ainda comum na África, principalmente nas áreas rurais. É costume a poligamia, isto é, o casamento de um homem com várias mulheres. Nessa área, predominam dois tipos de religião: o animismo e o cristianismo.

Artesanato de país africano, máscaras tribais.

Geralmente, as comunidades tribais são patriarcais, ou seja, o poder fica centrado nos homens e no chefe da tribo. Entretanto, o papel das mulheres africanas é decisivo, pois são elas as principais responsáveis pelo trabalho na agricultura e na subsistência das famílias. Nas religiões animistas, os elementos da natureza são muito valorizados. Atribui-se valor de espiritualidade para as águas, o ar, a fauna e a flora. Também pratica-se o contato direto com as divindades, inclusive por meio da incorporação de espíritos. Em alguns países, como a Costa do Marfim, parcela significativa da população pratica as crenças nativas.

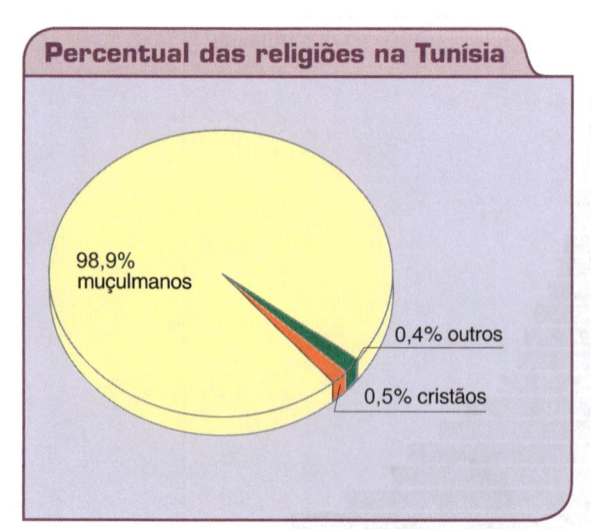

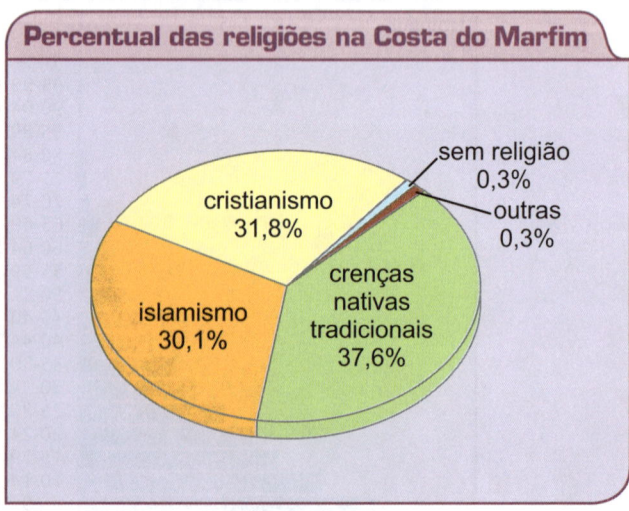

Percentual das religiões na Tunísia
- 98,9% muçulmanos
- 0,4% outros
- 0,5% cristãos

Percentual das religiões na Costa do Marfim
- cristianismo 31,8%
- sem religião 0,3%
- outras 0,3%
- crenças nativas tradicionais 37,6%
- islamismo 30,1%

A partir da colonização europeia (século XIX) cresceu a influência do cristianismo na África. Em alguns países, ocorreu grande expansão do catolicismo; em outros, predominou o protestantismo. Na Guiné Equatorial, em virtude da colonização espanhola, a maioria da população é católica romana.

Economia africana

A participação dos países africanos na economia globalizada é como exportadores de matérias-primas agrícolas, minerais e energéticas. O único país que exporta uma quantidade significativa de mercadorias industrializadas é a África do Sul. A maior parte das matérias-primas destina-se aos países desenvolvidos.

Criação de gado na savana africana, Quênia (2011).

As antigas metrópoles coloniais costumam ser importantes parceiros comerciais das nações africanas. Por exemplo, um dos principais parceiros comerciais de Camarões é a França, ex-metrópole colonial, responsável pela compra de cerca de 20% dos produtos exportados pelo país. A dependência econômica em relação aos países desenvolvidos dificulta a integração comercial entre os próprios países da África. Desse modo, existe grande dificuldade na implementação de blocos econômicos entre os países africanos. As principais experiências foram a criação da SADC (Comunidade dos Países do Sul da África) e a União Africana.

As matérias-primas exportadas atingem preços baixos e oscilantes no mercado internacional. A situação se agrava quando um país depende fundamentalmente de um único produto de exportação. É o caso de Uganda, onde o café responde por mais de 80% das exportações. Além disso, a influência estrangeira persiste na maioria dos países africanos.

Monoculturas de exportação e fome

Em grande parte dos países africanos, a maioria da população trabalha no setor primário da economia, isto é, na agropecuária e no extrativismo. O sistema agrícola voltado para as exportações, o *plantation*, domina amplas extensões de solos férteis na África. Destacam-se produtos como café, cacau, chá, algodão e amendoim.

Vários países africanos se destacam na produção de café.

No mapa a seguir estão localizadas as principais áreas agrícolas do continente africano.

A ênfase para os cultivos de exportação e o descaso com a produção voltada para o mercado interno constituem fatores agravantes da desnutrição em muitos países africanos. Grande parte da população do continente trabalha na agricultura de subsistência, que ocupa os piores solos e apresenta baixa produtividade.

Recursos minerais, petróleo e indústria

Os países africanos também são importantes exportadores de recursos minerais (ferro, manganês, alumínio, cobre, ouro, diamante, platina e fosfato) e energéticos (carvão mineral, petróleo e gás natural). Veja, no mapa, a distribuição desses recursos.

De todas as áreas pobres do mundo, a África é a que apresenta a menor produção industrial. O país mais industrializado é a África do Sul. Outros países apresentam adensamentos industriais menores, geralmente nas maiores cidades. São exemplos: Cairo no Egito, Nairóbi no Quênia, Lagos na Nigéria, Abidjan na Costa do Marfim, Dacar no Senegal e Harare no Zimbábue. A indústria petroquímica é importante nos países exportadores de petróleo, como Nigéria, Angola, Líbia e Argélia.

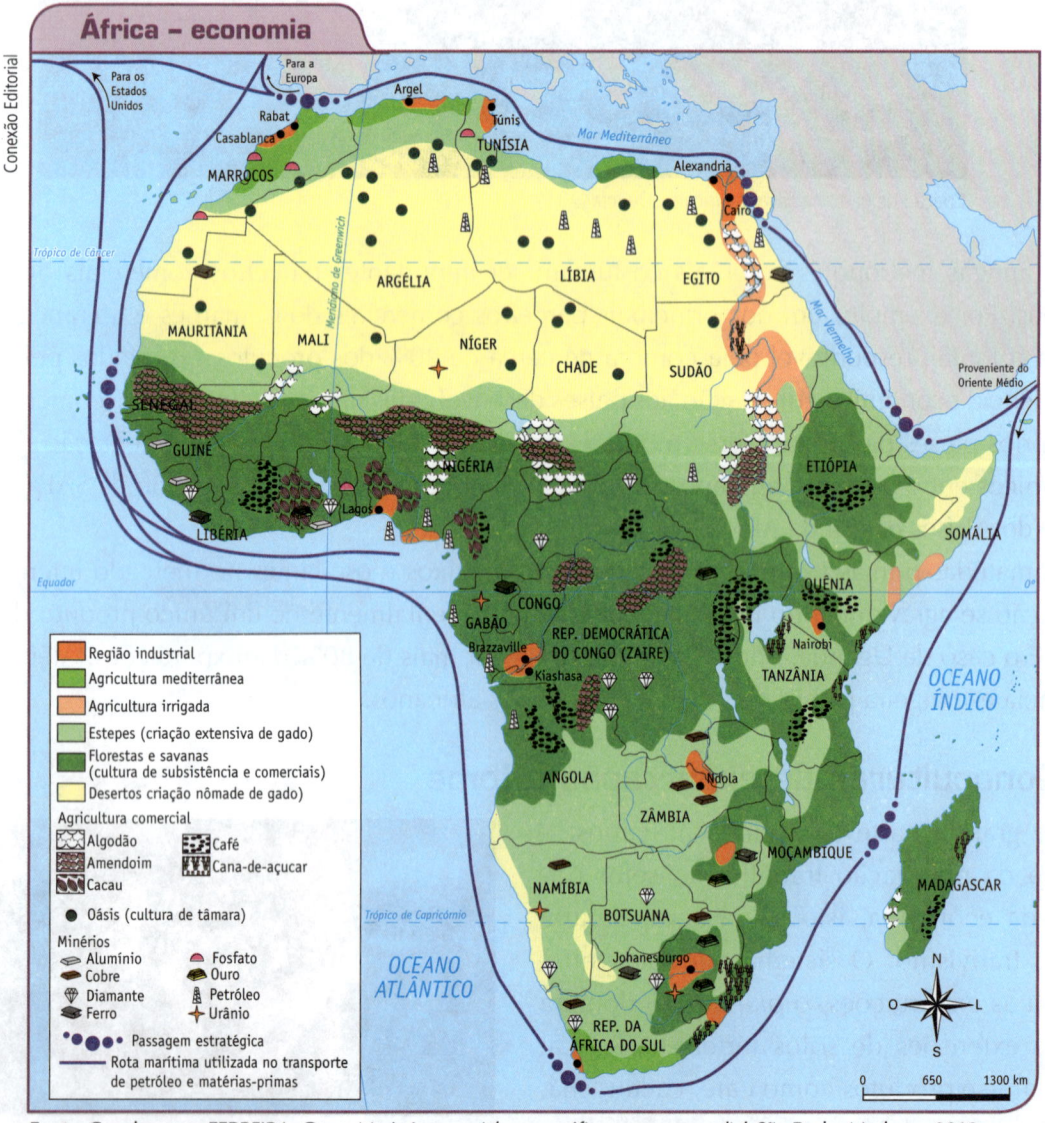

Fonte: Com base em FERREIRA, Graça Maria Lemos. *Atlas geográfico espaço mundial*. São Paulo: Moderna, 2010.

> **Você sabia?**
>
> ### O renascimento econômico da África nos anos 2000
>
> Na década de 2000, a economia de muitos países africanos voltou a crescer de modo acelerado. Novos investimentos estrangeiros chegaram às nações africanas, reforçando o papel fundamental do continente na era da globalização, o de fornecedor de matérias-primas para vários países do mundo.
>
> Aumentou o interesse pelos mais variados recursos minerais, petróleo, gás natural e alguns produtos agrícolas. Assim, em vários países africanos surgiram "ilhas de modernização" em meio ao quadro geral de grande pobreza. O investimento em infraestrutura é substancial. Estão sendo construídas em ritmo frenético, novas rodovias, pontes, ferrovias e oleodutos para dar vazão às *commodities* para exportação. O petróleo é alvo do interesse de vários países. Nos anos 2000, a exploração de petróleo e gás natural avançou na Guiné Equatorial, Sudão, São Tomé e Príncipe, Chade e Angola.
>
> Empresas transnacionais dos Estados Unidos, União Europeia e Japão mantém seus interesses na África. Porém, a grande novidade é a voracidade da China, que se tornou grande investidora no continente. O governo chinês assinou acordos econômicos com a maioria dos países africanos. Em troca das matérias-primas, a China se comprometeu a investir pesado em infraestrutura em vários países. O crescimento econômico beneficia os africanos, mas, muitas vezes, grande parte do dinheiro fica com as elites locais e estrangeiras. Porém, os investidores se mostram pouco preocupados com a questão dos direitos humanos e com a corrupção governamental.
>
> Construção de novos edifícios em Angola.

Fronteiras artificiais, diversidade étnica e conflitos

As fronteiras traçadas pelos europeus no período colonial (século XIX) não respeitaram as diferenças étnicas entre os povos e tribos africanas. Isto é, as fronteiras étnicas não coincidiram com as fronteiras coloniais. Após a independência, os países africanos mantiveram as fronteiras do período colonial, o princípio da "intangibilidade das fronteiras". Essas fronteiras artificiais são um dos principais motivos de conflitos, guerras civis e separatismos na África.

123

No ano de 1994, em Ruanda, os conflitos entre os grupos étnicos rivais hutu e tutsi resultaram em mais de 1 milhão de mortos. Veja o mapa a seguir:

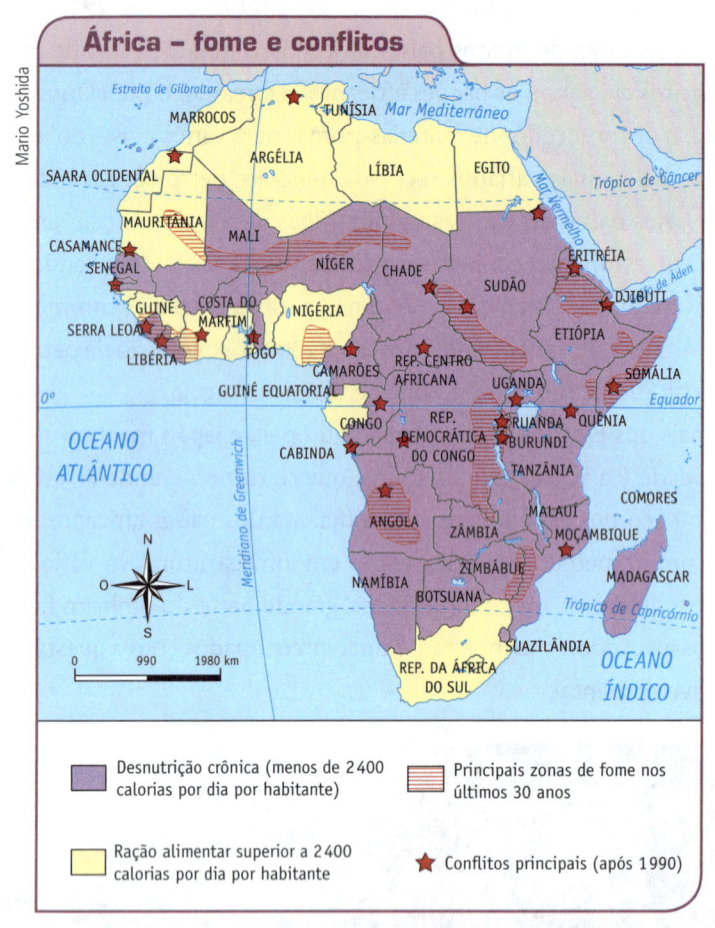

África – fome e conflitos

Legenda:
- Desnutrição crônica (menos de 2 400 calorias por dia por habitante)
- Ração alimentar superior a 2 400 calorias por dia por habitante
- Principais zonas de fome nos últimos 30 anos
- ★ Conflitos principais (após 1990)

Fonte: Com base em FERREIRA, Graça Maria Lemos. *Atlas geográfico espaço mundial*. São Paulo: Moderna, 2010.

Você sabia?

Maioria das guerras usam "crianças-soldados"

Participantes de quase todos os conflitos armados no mundo – tanto governos quanto grupos rebeldes usam crianças como combatentes, afirma um relatório divulgado por uma coalizão internacional de organização dos direitos humanos.

(...) O problema envolve dezenas de milhares de menores de 18 anos de idade em ao menos 27 países. Segundo a coalizão, Colômbia, Mianmar e Uganda são os casos mais graves. Já em Israel, Indonésia e Nepal, crianças são forçadas a colaborar como espiãs ou informantes.

Criança e jovem em conflito armado.

Disponível em: <www1.folha.uol.com.br/fsp/mundo/ff1811200411.htm>. Acesso em: jul. 2012.

Região do Magreb

A região do Magreb é formada por Argélia, Tunísia e Marrocos. Caracteriza-se pela presença dos Montes Atlas e por uma região de clima mediterrâneo nas proximidades do mar. Esse tipo de clima favoreceu o cultivo de cereais, frutas cítricas, uva, damasco e tâmaras, garantindo uma razoável produção agrícola. Argélia e Líbia são grandes exportadores de petróleo e gás natural, enquanto o Marrocos destaca-se na exportação de fosfato e na atividade turística.

O principal problema geopolítico é a ocupação marroquina do território do Saara Ocidental. A Frente Polisário luta contra a ocupação do Marrocos e pela independência do Saara Ocidental.

Feira no Marrocos.

Egito

Localizado no nordeste da África, o Egito é o segundo país mais populoso do continente, com 70,3 milhões de habitantes. O país controla o estratégico canal de Suez que liga o mar Vermelho ao mar Mediterrâneo.

O território egípcio é quase inteiramente dominado pelo deserto do Saara. Desse modo, depende bastante das águas do rio Nilo. O Nilo é essencial para o abastecimento humano e para o fornecimento de energia no país, por meio da hidrelétrica de Assuã. As áreas férteis restringem-se às planícies do Nilo, cujos solos são utilizados para cultivos agrícolas irrigados. Às margens do rio concentram-se a maior parte da população e os centros urbanos e industriais egípcios.

A capital do Egito, o Cairo, é a maior metrópole africana e principal centro industrial do país. A presença de ferro e petróleo propiciou o desenvolvimento da indústria siderúrgica e petroquímica no país.

Mesquita islâmica no Cairo.

Sudão

Ex-colônia britânica, o Sudão é um dos maiores países da África em extensão territorial com 1,86 milhão de Km². O norte é dominado pelo deserto do Saara, e o sul, mais úmido, conta com a presença de florestas e savanas. A maior parte da população concentra-se no vale do rio Nilo que atravessa o país de sul para norte.

O país é muito pobre e seu principal produto de exportação é o algodão. Recentemente foram descobertas reservas de petróleo que chamaram a atenção de investidores estrangeiros, entre os quais, os chineses. Além disso, o país possui uma localização estratégica, visto que apresenta litoral no mar Vermelho, importante rota de petroleiros.

Refugiados na região de Darfur, Sudão.

O governo sudanês é dominado por muçulmanos e constitui uma ditadura militar. Os Estados Unidos costumam acusar o Sudão de abrigar grupos islâmicos terroristas, inclusive integrantes da Al Qaeda. A situação geopolítica interna é gravíssima. Desde a década de 1950, o país vive uma guerra civil entre o norte (islâmico e arabizado) e o sul (animista e cristão). Esse conflito teve intensidade reduzida nos últimos anos. Até agora, a guerra somada às crises de fome já deixaram 2 milhões de mortos.

Porém, nos últimos anos, eclodiu um novo conflito, especificamente na região de Darfur, oeste do país. O conflito opõe agricultores e nômades pecuaristas. Os nômades dispõem de uma guerrilha fortemente armada (milicianos Janjaweed) e chegaram a ser apoiados pelo governo sudanês. O conflito já fez 400 mil vítimas fatais. Cerca de 1 milhão de pessoas, em sua maioria agricultores, abandonaram suas casas e 100 mil fugiram para o Chade, país vizinho, tornando-se refugiados. São cometidas atrocidades, homens são mortos e mulheres estupradas. Crianças do sexo masculino também são mortas, pois são vistas como "futuros inimigos" pela guerrilha. A ação da ONU e do conjunto da comunidade internacional é muito importante para acabar com o conflito no Sudão. Em 2009, tropas de paz da União Africana e da ONU chegaram ao país e houve uma diminuição dos conflitos. Em 2011, aconteceu um referendo em que a maioria da população do sul decidiu pela independência em relação ao norte.

Nigéria

A Nigéria é o país mais populoso da África, com 148 milhões de habitantes pertencentes a vários grupos étnicos. A etnia haussa é de religião muçulmana e habita o norte do país. O povo iorubá ocupa o sudoeste nigeriano, região mais urbanizada, e professa o cristianismo e o animismo. Os povos igbo e ogoni vivem no sudeste do país, onde se concentram as principais reservas de petróleo.

A Nigéria é uma potência regional africana, exercendo forte influência política e econômica na África ocidental. O país é grande exportador de petróleo e pertence à OPEP – Organização dos Países Exportadores de Petróleo, sendo, inclusive, expressivo fornecedor do produto para o Brasil. As indústrias estão concentradas em Lagos, maior cidade nigeriana e uma das maiores do continente africano.

Nas últimas décadas, os nigerianos sofreram com governos ditatoriais liderados pelos militares. Esses governos se caracterizaram pela corrupção e repressão à oposição. Nos últimos anos, o país tem atravessado um processo de democratização, em meio a uma grave crise econômica.

África do Sul

A África do Sul é a principal potência econômica e militar do continente africano. É a nação mais industrializada da África e riquíssima em recursos minerais. O país é grande exportador de ferro, manganês, ouro, diamantes, carvão mineral e urânio.

O país foi colonizado por holandeses a partir do século XVII e pelos britânicos no século XIX. Os colonos europeus organizaram um sistema de dominação política e econômica sobre a maioria da população do país, composta por negros, mestiços e asiáticos. O poder da minoria branca na África do Sul era mantido por meio do controle dos meios de repressão, isto é, a polícia e as Forças Armadas.

Em 1948, o Partido Nacional, comandado pelos líderes mais conservadores da minoria branca, assumiu o poder e começou a institucionalizar a desigualdade social e racial. Ou seja, os privilégios da minoria branca e a exploração e opressão à maioria negra e mestiça são estabelecidos pelas leis do país, pela Constituição. Esse regime de segregação social e racial ficou conhecido como apartheid, e cada grupo racial deveria se desenvolver em separado.

Na década de 1980, as pressões internacionais e a luta das organizações de oposição internas, como o CNA (Congresso Nacional Africano), começaram a abalar o regime racista sul-africano. A minoria branca, pressionada, foi obrigada a dar início ao desmantelamento do apartheid. Nelson Mandela foi libertado, após quase três décadas de cativeiro, e negociou com a minoria branca a pacificação do país e a implantação de uma democracia.

Em 1994, ocorreram as primeiras eleições livres na África do Sul. Nelson Mandela, do CNA, foi eleito presidente. Entre 1994 e 1999, Mandela promoveu um governo de conciliação nacional e obteve sucesso. A nova administração investiu o que pôde para reduzir a pobreza entre a maioria negra e mestiça, intensificando as ações na área de saúde e educação.

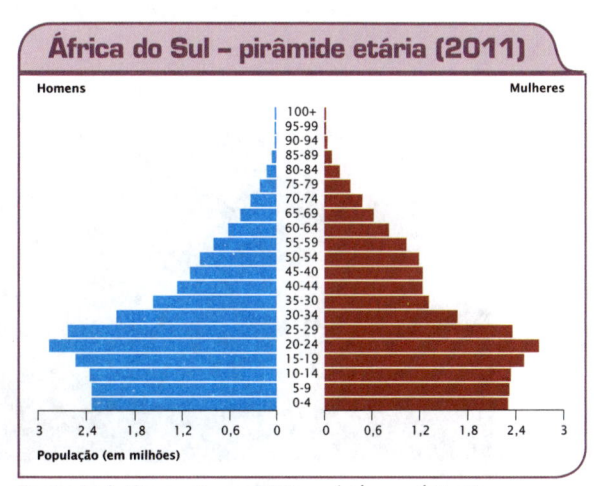

Fonte: U.S. Census Bureau. Disponível em: <http://www.census.gov/ipc/www/idb/country.php>. Acesso em: jul. 2012.

Ex-presidente Nelson Mandela.

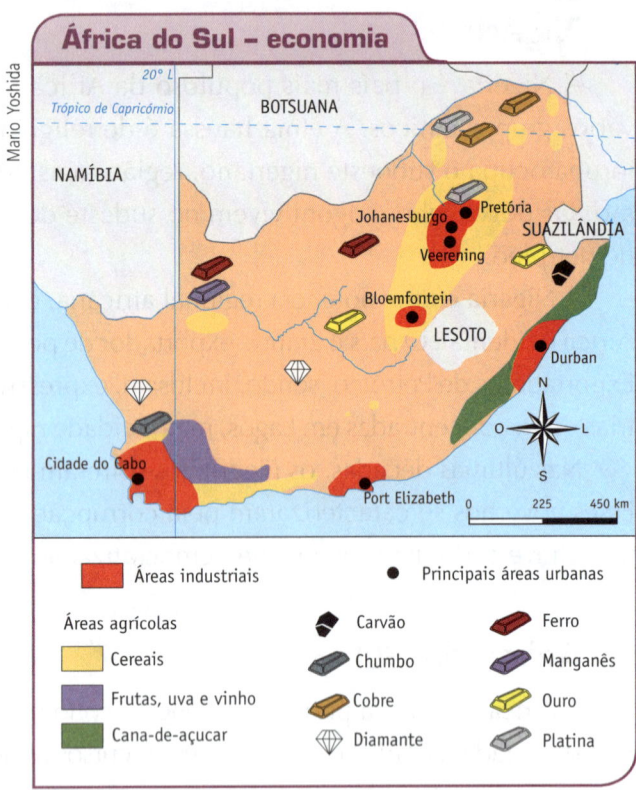

África do Sul – economia

Áreas industriais — Principais áreas urbanas
Áreas agrícolas
Cereais — Carvão — Ferro
Frutas, uva e vinho — Chumbo — Manganês
Cana-de-açúcar — Cobre — Ouro
Diamante — Platina

Fonte: Organizado pelo autor com base em FERREIRA, Graça Maria Lemos. *Atlas geográfico espaço mundial*. São Paulo: Moderna, 2010.

Na atualidade, a África do Sul enfrenta grandes desafios. Apesar da formação de uma classe média negra, grande parte dos negros encontra-se em situação de pobreza. O desemprego é elevado, os índices de violência são altos e a epidemia de HIV-Aids atinge mais de 4 milhões de sul-africanos. Apesar do êxito econômico e a realização de grandes eventos como a Copa do Mundo de futebol (2010), a África do Sul permanece como um dos países com maior desigualdade social no mundo.

Estádio moderno construído para Copa do Mundo na África do Sul. Muitos criticam os gastos com eventos esportivos, enquanto milhões de sul-africanos sofrem com a falta de saneamento básico, moradias, saúde e educação de qualidade.

A onda por democracia no norte da África

Nos anos 2000, manifestações por democracia abalaram o norte da África e o Oriente Médio. Os manifestantes, em sua maioria da oposição e com grande participação dos jovens, se mobilizaram contra governos autoritários e corruptos. Os jovens utilizaram muito as redes sociais na Internet como o Facebook e o Twitter para organizar as passeatas. Na Tunísia caiu o governo autoritário do Zine Ben Ali. No Egito, após ficar mais de 30 anos no poder, o presidente Hosni Mubarak renunciou. Na Líbia, aconteceram confrontos sangrentos entre os rebeldes e as forças militares do ditador Muamar Cadafi.

Manifestações também aconteceram no Marrocos, Argélia e nações do Oriente Médio como Iêmen, Omã, Barein, Jordânia e Síria.

Manifestantes por democracia no Cairo, capital do Egito.

ATIVIDADES

1 Explique como os países africanos participam da economia globalizada.

2 Leia o mapa "África – economia", e cite os países exportadores de ferro, alumínio, diamante, ouro e petróleo.

_____
_____
_____
_____
_____
_____
_____
_____

3 Qual o país africano que apresenta maior diversidade de recursos minerais para exportação? Justifique.

_____
_____
_____
_____
_____
_____
_____

4 Sobre a região do Magreb, assinale a afirmação incorreta.

a) ( ) Os países pertencentes ao Magreb são Argélia, Marrocos e Tunísia.

b) ( ) A região localiza-se entre a cadeia do Atlas e o mar Mediterrâneo, apresenta clima com verões secos e invernos úmidos.

c) ( ) Destacam-se os cultivos de uva, cereais e frutas cítricas.

d) ( ) O Saara Ocidental já constitui uma nação independente.

e) ( ) A Argélia é exportadora de petróleo.

5 Observe os gráficos a seguir sobre o comércio exterior da República Democrática do Congo.

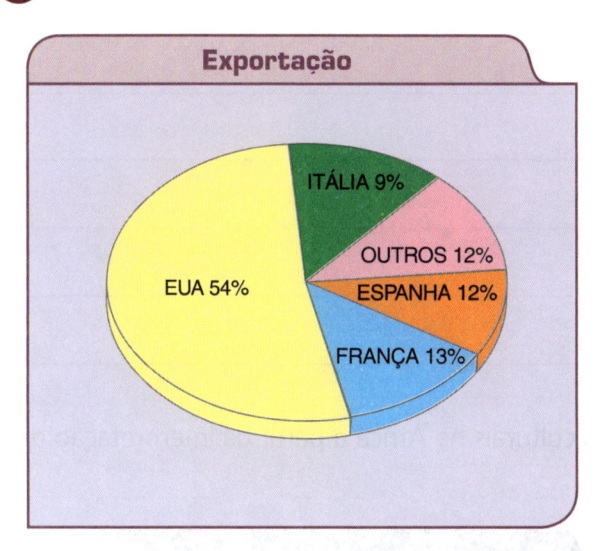

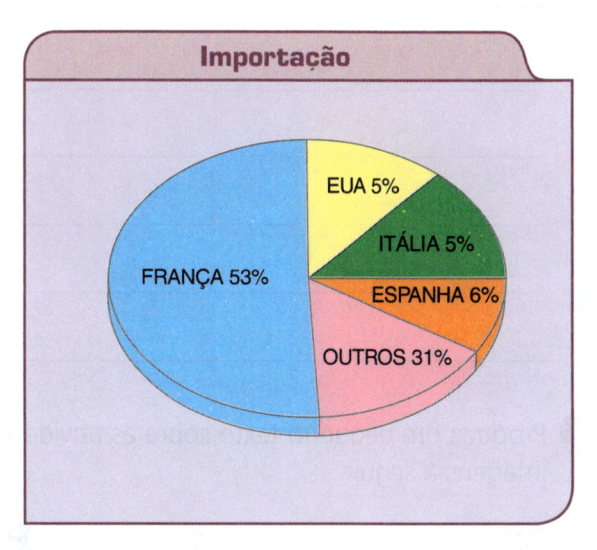

Exportação
- EUA 54%
- ITÁLIA 9%
- OUTROS 12%
- ESPANHA 12%
- FRANÇA 13%

Importação
- FRANÇA 53%
- EUA 5%
- ITÁLIA 5%
- ESPANHA 6%
- OUTROS 31%

A República Democrática do Congo, como a maioria dos países africanos, apresenta expressivo índice de exportações para os países ricos? Justifique.

_____
_____
_____
_____
_____
_____
_____
_____
_____

6 Sobre a Nigéria, assinale a alternativa incorreta.

a) ( ) Na Nigéria, costumam ocorrer conflitos entre muçulmanos e cristãos.

b) ( ) A nova capital da Nigéria é Abuja, localizada na porção central do país.

c) ( ) A Nigéria é o país mais populoso da África, com 148 milhões de habitantes.

d) ( ) A economia nigeriana é muito dependente de exportações de diamante.

e) ( ) O país é banhado pelo Oceano Atlântico.

7 Em sua opinião, quais seriam as medidas necessárias para evitar a utilização de crianças em conflitos armados?

_____
_____
_____
_____
_____

8 Produza um pequeno texto sobre as atividades culturais na África a partir da interpretação das imagens a seguir.

A Artesanato na África.

B Música na África.

C Universidade na África.

_____
_____
_____
_____
_____
_____
_____

9 Produza um texto sobre a produção de alimentos e a fome na África utilizando elementos das imagens a seguir.

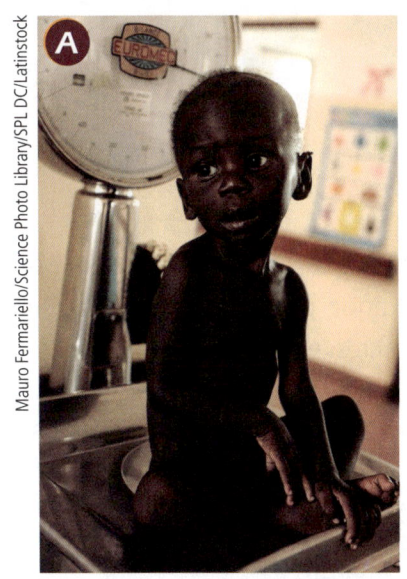

A Criança subnutrida em país africano.

B Agricultura de subsistência em país africano.

C Cultivo de café para exportação em país africano.

_____
_____
_____
_____

10 Observe os mapas e responda: o que é descolonização?

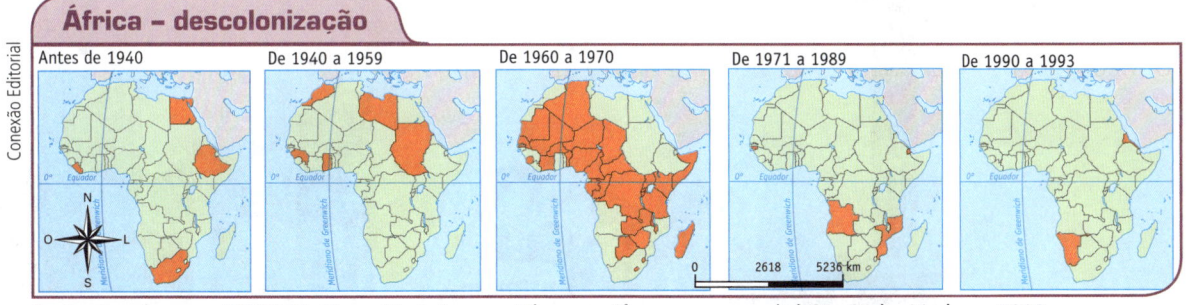

África – descolonização

Antes de 1940 | De 1940 a 1959 | De 1960 a 1970 | De 1971 a 1989 | De 1990 a 1993

Fonte: Com base em FERREIRA, Graça Maria Lemos. *Atlas geográfico espaço mundial*. São Paulo: Moderna, 2010.

_____
_____
_____
_____

133

Capítulo 7

ÁSIA: UM CONTINENTE COM GRANDE DIVERSIDADE NATURAL, CULTURAL E ECONÔMICA

Neste capítulo, estudaremos a diversidade física, ambiental, social, política e econômica do continente asiático, com destaque para os conflitos no Oriente Médio, o Japão, os Tigres Asiáticos, a Índia e o crescente poder da China.

Xangai é um dos símbolos do poder econômico emergente da Ásia. Com seus imensos arranha-céus, é o núcleo da maior região metropolitana da China e o principal centro de finanças do país.

O maior e o mais populoso dos continentes

A Ásia é o maior de todos os continentes da Terra, com um território de 44,4 milhões de km². Encontra-se no hemisfério oriental (leste) e está separada da Europa, com a qual compõe a Eurásia, por barreiras naturais: os Montes Urais e o rio Ural.

O continente é banhado pelos oceanos Pacífico e Índico e pelos mares Mediterrâneo e Vermelho a oeste. É atravessado por três importantes paralelos: o equador, o trópico de Câncer e o Círculo Polar Ártico.

O continente asiático apresenta grande diversidade natural, étnica, religiosa e econômica, por isso, pode ser dividido em diferentes regiões, como podemos observar no mapa a seguir.

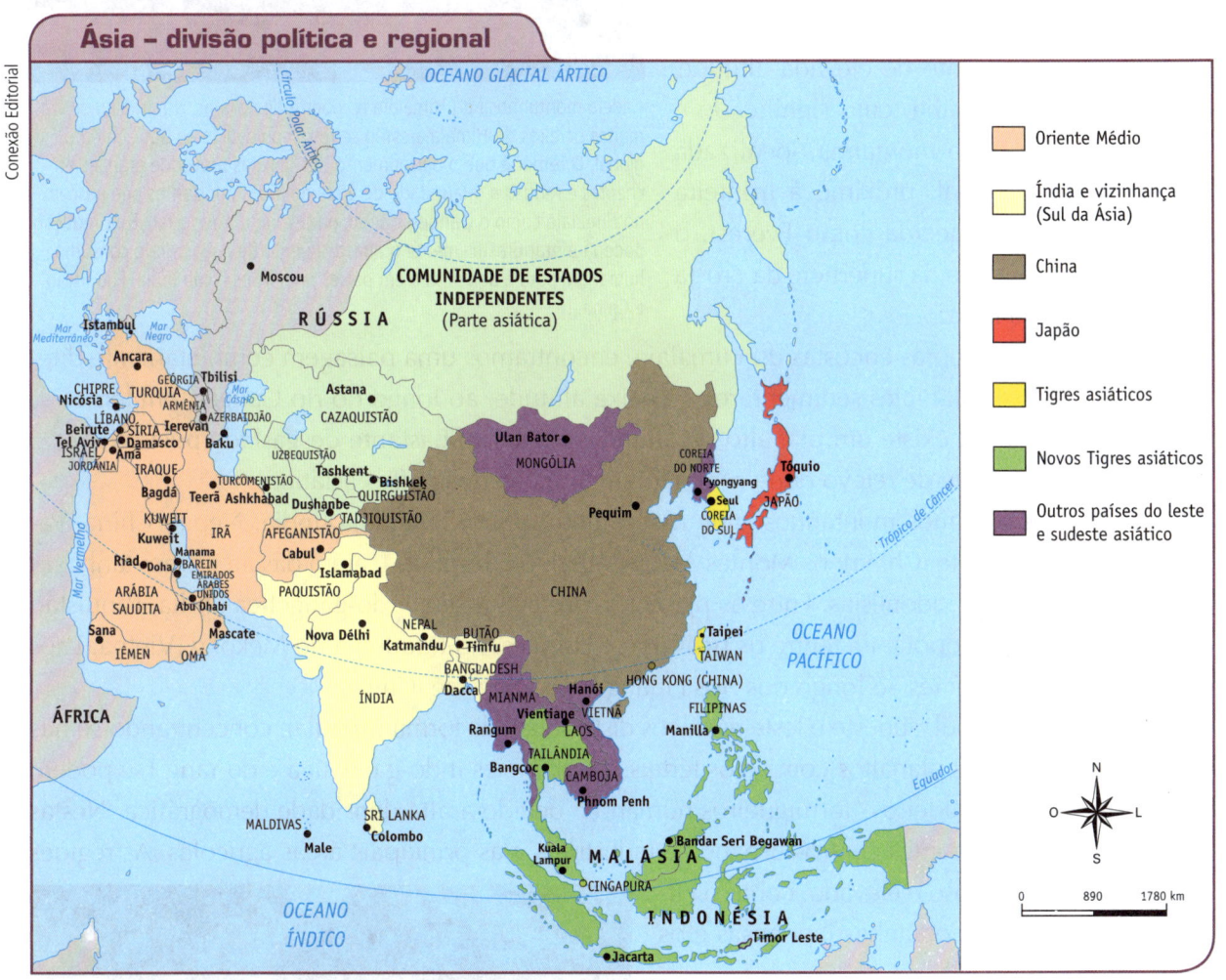

Ásia – divisão política e regional

Fonte: Com base em IBGE. *Atlas Geográfico Escolar*. Rio de Janeiro IBGE, 2009.

O continente asiático concentra 60% dos habitantes do planeta, apresentando seis nações que estão entre as dez mais populosas do mundo. Duas delas já ultrapassaram a marca de 1 bilhão de habitantes, a China e a Índia. Com mais de 100 milhões de habitantes, temos: Indonésia, Paquistão, Bangladesh e Japão. Além disso, muitos países asiáticos apresentam elevada densidade demográfica, como é o caso de Bangladesh, com 1246 habitantes por km².

Do ponto de vista social e econômico, os contrastes são extremos. Desde nações mais ricas como o Japão, com renda per capita de 38457 dólares anuais por habitante e excelente qualidade de vida, até Mianmar, cuja renda per capita é de 446 dólares por habitante/por ano.

135

O relevo e a distribuição da população

O continente asiático apresenta diversidade natural com diferentes formas de ocupação do espaço geográfico. Nele, encontramos desde cadeias de montanhas pouco habitadas até as planícies fluviais superpovoadas.

Há algumas dezenas de milhões de anos, a natureza ergueu e esculpiu na Ásia a mais imponente cadeia de montanhas da Terra, o Himalaia, palavra que significa "a morada das neves eternas". No Himalaia, os nepaleses já identificavam um ponto de elevada altitude, chamado de Sagarmatha, cujo significado é "o topo do céu". Essa montanha, localizada no território do Nepal, próximo à fronteira chinesa, é mais conhecida como Everest, o lugar de maior altitude da superfície da crosta terrestre, com 8848 m.

Cadeia montanhosa do Himalaia recoberta de geleiras. Na atualidade, muitas geleiras do Himalaia estão se retraindo devido ao aquecimento global. O temor é que o derretimento das geleiras provoque grandes enchentes e reduza a quantidade de água em rios importantes que nascem no Himalaia como o Ganges, o Indo, o Mekong e o Yang Tsé. Esta redução poderia afetar drasticamente o abastecimento de água para o consumo humano e para a agricultura em países populosos como Índia, Paquistão e China.

Descendo as abruptas encostas do Himalaia, encontramos uma paisagem completamente diferente. São extensas planícies sedimentares de baixa altitude, ao longo do rio Ganges, em território indiano. Mais ao sul, existe um planalto de altitudes médias e bastante desgastado pela erosão, o Decã. Essa diversidade de relevo pode ser encontrada em vários países asiáticos.

Na Ásia, os planaltos montanhosos de maior altitude são: Himalaia (Índia, Nepal, China, Paquistão e Butão), Tibete (China), os Montes Altai (China), o Elburz (Irã), além das áreas montanhosas das ilhas japonesas e indonésias. Entre as planícies, destacam-se a Indo-gangética (Índia, Paquistão e Bangladesh), a Mesopotâmia (entre os rios Tigre e Eufrates, no Iraque), a do Mekong (Vietnã, Laos e Tailândia) e as planícies ao longo dos rios Huang Ho e Yang Tsé (China).

A população do sul, sudeste e leste asiáticos distribui-se de forma irregular, concentrando-se nas planícies e nos baixos planaltos com solos férteis. As planícies Indo-gangética e do Yang Tsé podem ser consideradas verdadeiros "formigueiros humanos" devido a alta densidade demográfica. Nestas planícies estão importantes centros urbanos e industriais e as principais áreas agrícolas. As regiões com relevo montanhoso e elevado, como o Himalaia, o Tibete, as montanhas japonesas e os planaltos desérticos, são menos povoadas.

Em regiões densamente povoadas, a exemplo da Ilha de Java, na Indonésia, os espaços são escassos e devem ser ocupados com engenhosidade. Algumas áreas montanhosas vulcânicas, apesar da inclinação do terreno, são aproveitadas para a agricultura devido aos solos férteis. Nesses terrenos íngremes, utiliza-se a técnica de cultivo em terraços esculpidos nas encostas.

Cultivo de arroz em terraços na Indonésia. Os terraços reduzem a perda de solo por erosão e estimulam a infiltração de água.

Climas e ecossistemas

A Ásia apresenta uma variada ecologia. No continente ocorrem diversos tipos de clima e ecossistemas (vegetação e fauna). Os climas árido e semiárido dominam o Oriente Médio, parte do Paquistão e da Índia (deserto de Thar) e o oeste da China e da Mongólia (desertos de Takla Makan e Gobi). Nessas áreas, a vegetação é xerófila, ou seja, adaptada à escassez de água.

O continente asiático também apresenta várias regiões úmidas. Algumas áreas apresentam climas temperados e subtropicais, com a ocorrência de florestas temperadas e de coníferas.

Você sabia?

Entre Israel, Jordânia e Cisjordânia (território palestino ocupado parcialmente por Israel) localiza-se o mar Morto. Esse mar localiza-se numa depressão absoluta (abaixo do nível do mar). O clima árido e a acentuada evaporação levou à concentração de sais, representados pelos blocos brancos destacados na foto. Trata-se de uma atração turística na região, sendo importante para israelenses e palestinos. Muitas pessoas se banham e boiam com facilidade devido à elevada salinidade. Grande parte da água que abastece o mar Morto é proveniente do rio Jordão, como as águas do Jordão são captadas para desenvolver a agricultura irrigada, o mar Morto corre risco de secar completamente. Para evitar o desaparecimento do mar, o governo israelense implantou um sistema para abastecer o mar Morto, está usando água dessalinizada proveniente do mar Vermelho que está chegando através de um canal artificial.

Já no sul e no sudeste asiáticos ocorrem climas tropicais e equatoriais. Nas áreas tropicais como parte da Índia, a distribuição das chuvas é desigual. No verão, os ventos carregados de umidade (monções de verão) provenientes do oceano Índico provocam chuvas torrenciais, tempestades, furacões e enchentes avassaladoras. Frequentemente, as populações de países como Índia, Bangladesh e Filipinas sofrem com inundações que causam perda de vidas humanas e prejudicam a produção agrícola. Em contraste, o inverno é seco devido a prevalência de ventos oriundos do interior da Ásia.

Inundações causadas pelas monções na Índia.

Ásia – clima

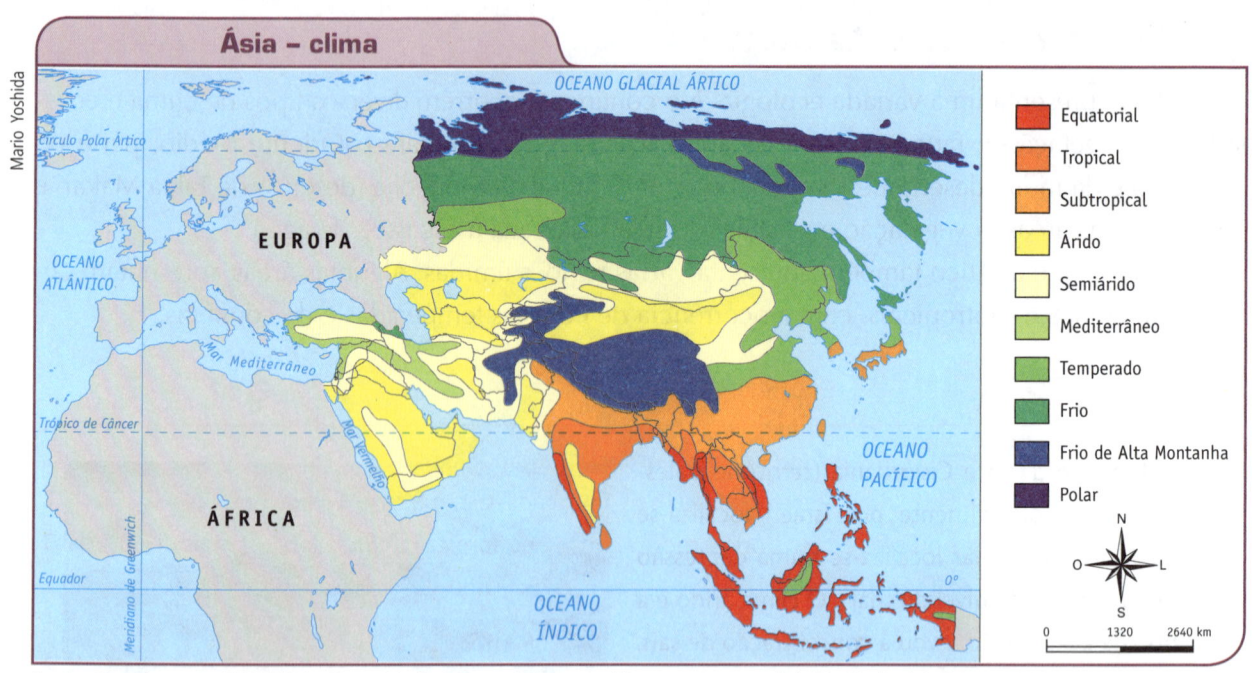

Fonte: Com base em FERREIRA, Graça Maria Lemos. *Atlas geográfico espaço mundial*. São Paulo: Moderna, 2010.

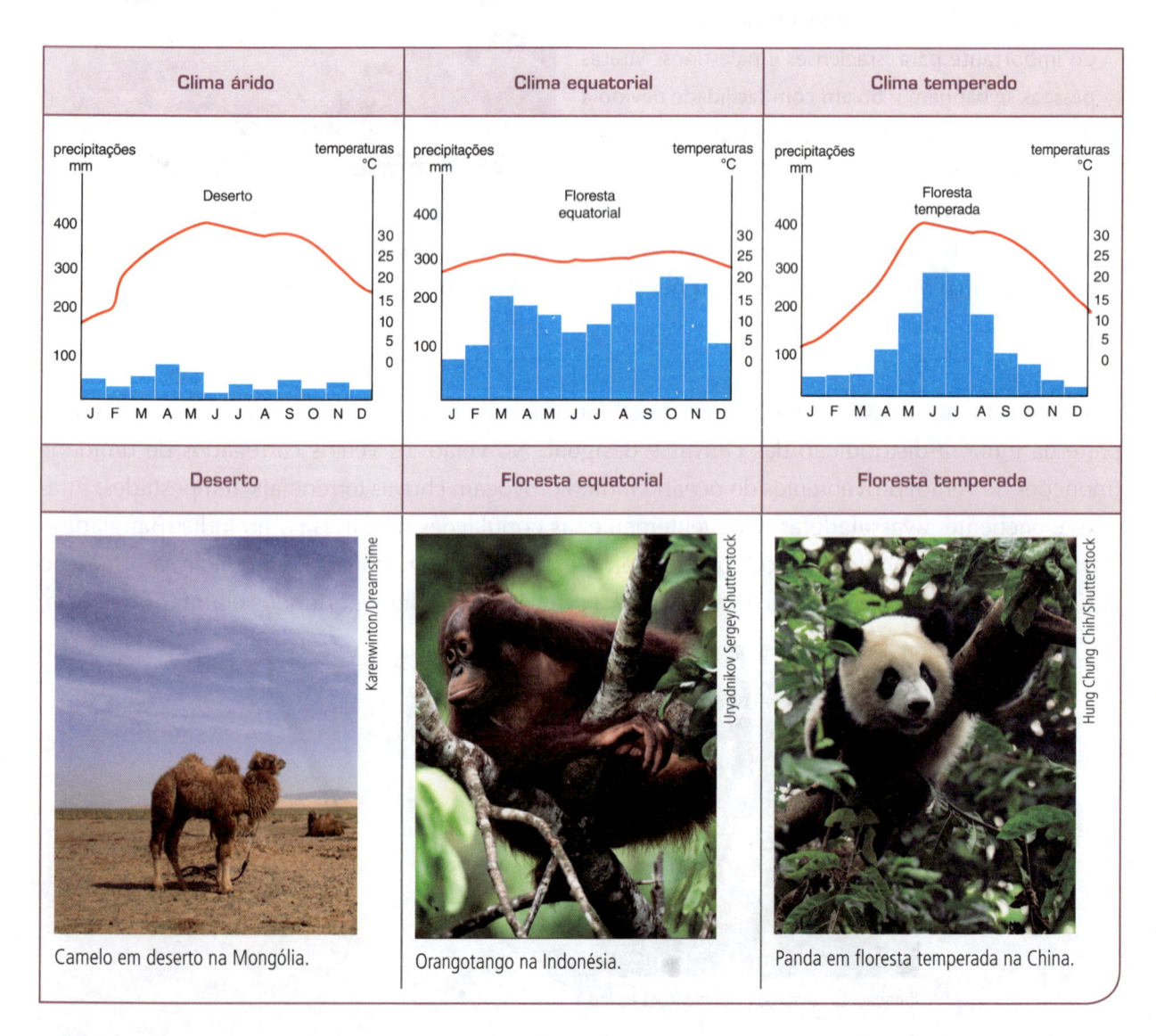

Legenda:
- Equatorial
- Tropical
- Subtropical
- Árido
- Semiárido
- Mediterrâneo
- Temperado
- Frio
- Frio de Alta Montanha
- Polar

Clima árido
Deserto

Clima equatorial
Floresta equatorial

Clima temperado
Floresta temperada

Deserto — Camelo em deserto na Mongólia.

Floresta equatorial — Orangotango na Indonésia.

Floresta temperada — Panda em floresta temperada na China.

138

> **Você sabia?**
>
> ## A devastação da natureza na Ásia
>
> Nas últimas décadas, o desmatamento tem avançado em toda a Ásia. No sul e sudeste asiáticos, os climas quentes e úmidos, propiciaram o desenvolvimento de florestas exuberantes. China, Índia, Indonésia, Malásia e Filipinas são os países que concentram a maior biodiversidade do continente. No entanto, essa riqueza está sendo destruída pelo desmatamento associado à exploração de madeira e expansão da agricultura.
>
> Na Índia, o espaço da vegetação natural foi reduzido a 10% da cobertura original. A devastação das matas das encostas do Himalaia tem acarretado o aumento da erosão e deslizamentos de terra, assoreando rios e ocasionando enchentes.
>
> A maior parte das florestas chinesas também foi destruída, colocando em risco de extinção inúmeras espécies da fauna e da flora. Entre as espécies asiáticas mais ameaçadas estão o tigre e o panda.
>
> O Japão é uma exceção, pois 80% do território é montanhoso e as florestas ainda recobrem mais de 60% da área total do país. Nos países mais industrializados, a poluição da água e do ar é muito grave. A exploração excessiva dos recursos naturais, a urbanização desordenada e a industrialização causam severos danos ao meio ambiente. A poluição da água e a poluição do ar são graves em diversos países asiáticos.
>
> A China tornou-se o maior poluidor da atmosfera do mundo. Os índices de poluição atmosférica em metrópoles como Xangai e Pequim são alarmantes. Na China, a maior parte da energia elétrica é gerada por termelétricas que funcionam à base de carvão mineral, um recurso altamente poluidor. E, com o crescimento da economia e do consumo, a frota de automóveis é cada vez maior, aumentando a poluição atmosférica.
>
> A poluição do ar por indústrias, termelétricas e automóveis é um problema ambiental grave na China.

A questão da água no Oriente Médio

Essa região é dominada por planaltos desérticos. Em parte dos territórios da Turquia, Chipre, Líbano, Síria e Israel ocorre o clima mediterrâneo, com inverno úmido e verão seco. Nessas áreas, existe razoável produção agrícola, com cultivo de cereais e frutas como a uva, o damasco e a tâmara.

Na planície da Mesopotâmia, entre os rios Tigre e Eufrates, no Iraque, o solo mais fértil e a irrigação permitem o desenvolvimento da agricultura. Em Israel, destacam-se os kibuts, pequenas propriedades agrícolas que utilizam técnicas modernas de irrigação, transformando trechos do deserto do Neguev em importantes áreas produtoras de cereais, frutas e legumes.

De qualquer modo, vários países do Oriente Médio convivem com a escassez de água. Como podemos observar no mapa a seguir, nações como Arábia Saudita, Kuwait e Emirados Árabes Unidos investem em usinas de dessalinização, que retiram o excesso de sal da água do mar, transformando-a em água potável.

Outra alternativa é a utilização de aquíferos fósseis, isto é, água subterrânea acumulada durante períodos úmidos no passado geológico. Porém, a água de um aquífero fóssil não é renovável, pois o clima atual é seco. Assim, seu uso excessivo pode levar ao esgotamento dos recursos hídricos subterrâneos, o que aconteceu em várias áreas da Arábia Saudita.

Alguns analistas acreditam que no futuro os países da região poderão entrar em guerra pelo controle da água. Por exemplo, o rio Jordão é responsável pela maior parte do abastecimento de água na Jordânia, em Israel e na Cisjordânia (território palestino ocupado parcialmente por Israel). Uma das razões para ocupação das colinas de Golan (território sírio) por Israel na Guerra dos Seis Dias (1967) foi o controle de parte das nascentes do rio Jordão.

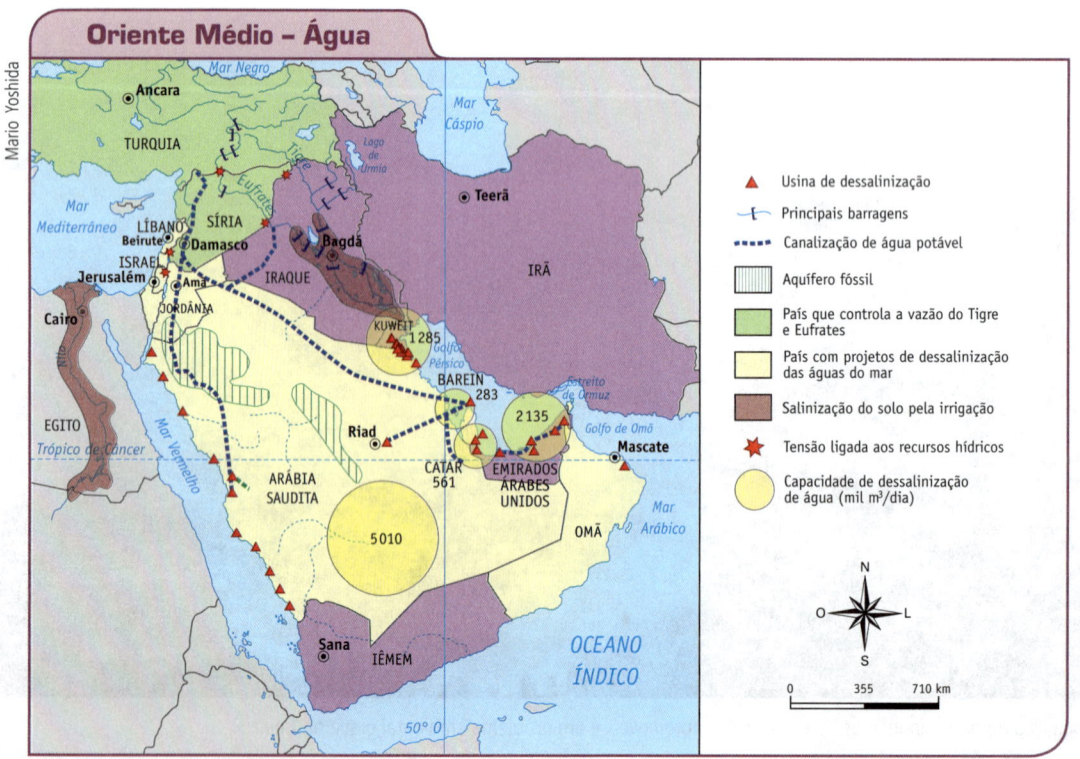

Fonte: Com base em FERREIRA, Graça Maria Lemos. *Atlas geográfico espaço mundial*. São Paulo: Moderna, 2010.

ATIVIDADES

1 A Ásia é o continente:

a) Mais populoso do mundo com mais de 1 bilhão de habitantes. ( )

b) Menos populoso do mundo com mais de 2 bilhões de habitantes. ( )

c) Mais populoso do mundo com mais de 2 bilhões de habitantes. ( )

d) Mais populoso do mundo com mais de 3 bilhões de habitantes. ( )

2 Por que usam a técnica de cultivo em terraços nas encostas montanhosas de alguns países da Ásia?

_____

_____

_____

_____

_____

_____

3 Interprete o climograma e os mapas para responder aos itens.

Climograma:

a) Qual é o tipo de clima representado?

_____

_____

b) Quais são suas características quanto à distribuição das chuvas?

_____

c) Qual é o mês mais chuvoso?

_____

Climograma de Mumbai (Índia)

d) Quais são os dois meses mais secos?

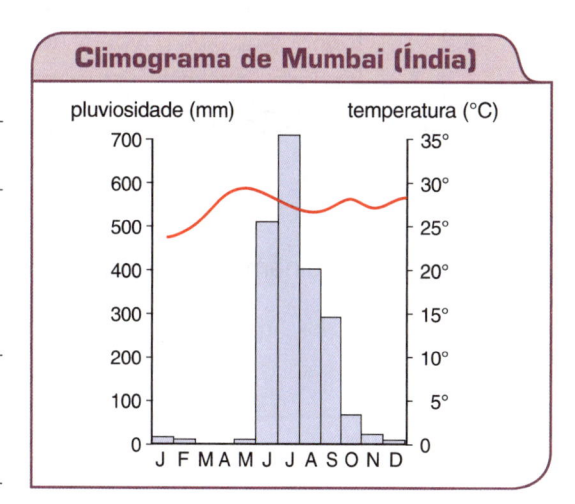

_____

e) Em que mês é registrada a temperatura mais elevada?

_____

141

Planisfério – pressão e ventos (janeiro e julho)

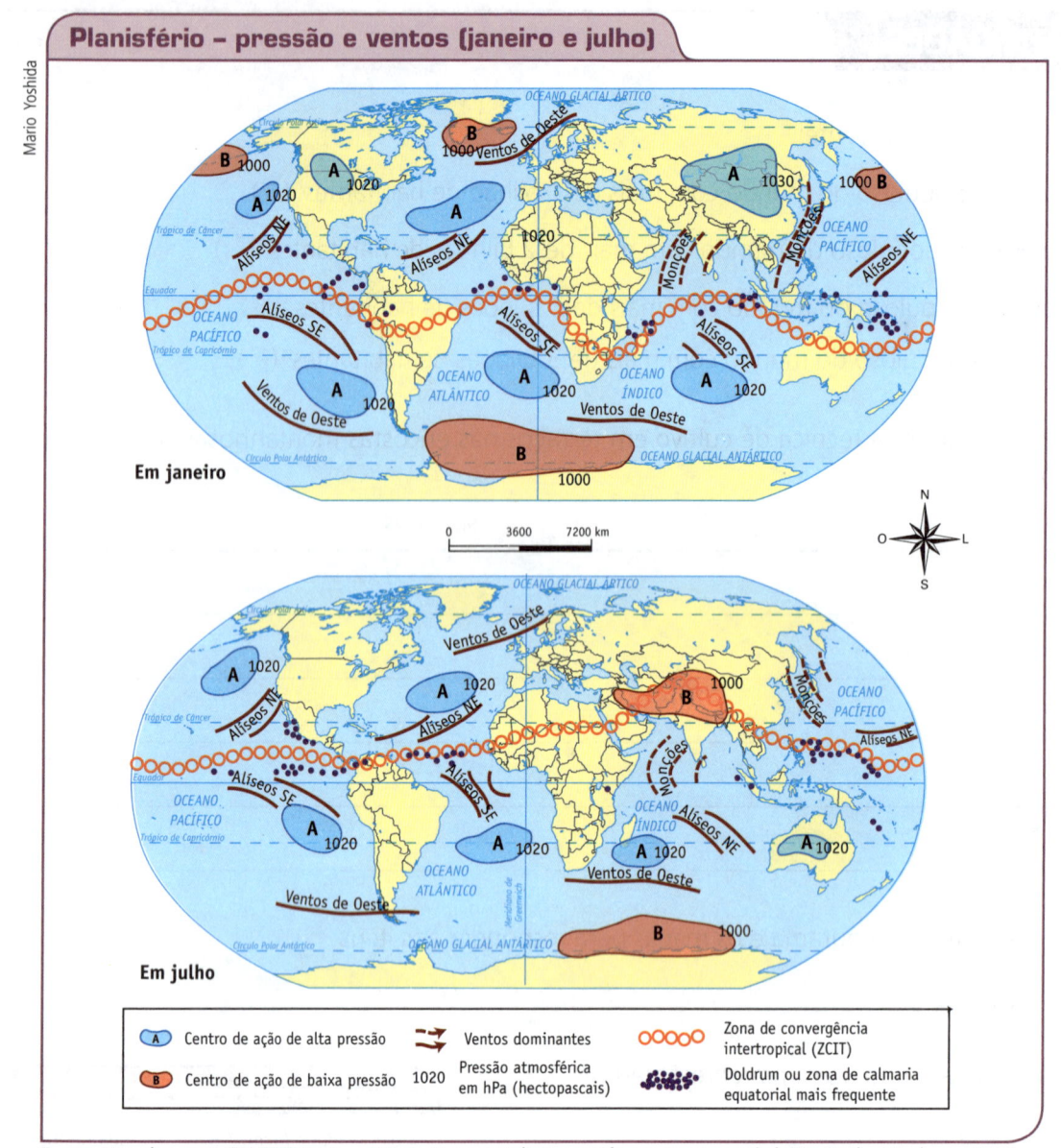

Fonte: Com base em FERREIRA, Graça Maria Lemos. *Atlas geográfico espaço mundial*. São Paulo: Moderna, 2010.

Mapas:

f) Explique a dinâmica dos ventos no sul da Ásia em janeiro.

_____
_____
_____

g) Explique a dinâmica dos ventos no sul da Ásia em julho.

_____
_____
_____

4 Escreva sobre o uso e conservação da água no Oriente Médio a partir das imagens a seguir.

Agricultura irrigada que utiliza água de aquífero fóssil.

Plantação de uva nas montanhas de Jerusalém, em Israel (2010).

5 Identifique os problemas ambientais no continente asiático a partir da interpretação do mapa a seguir.

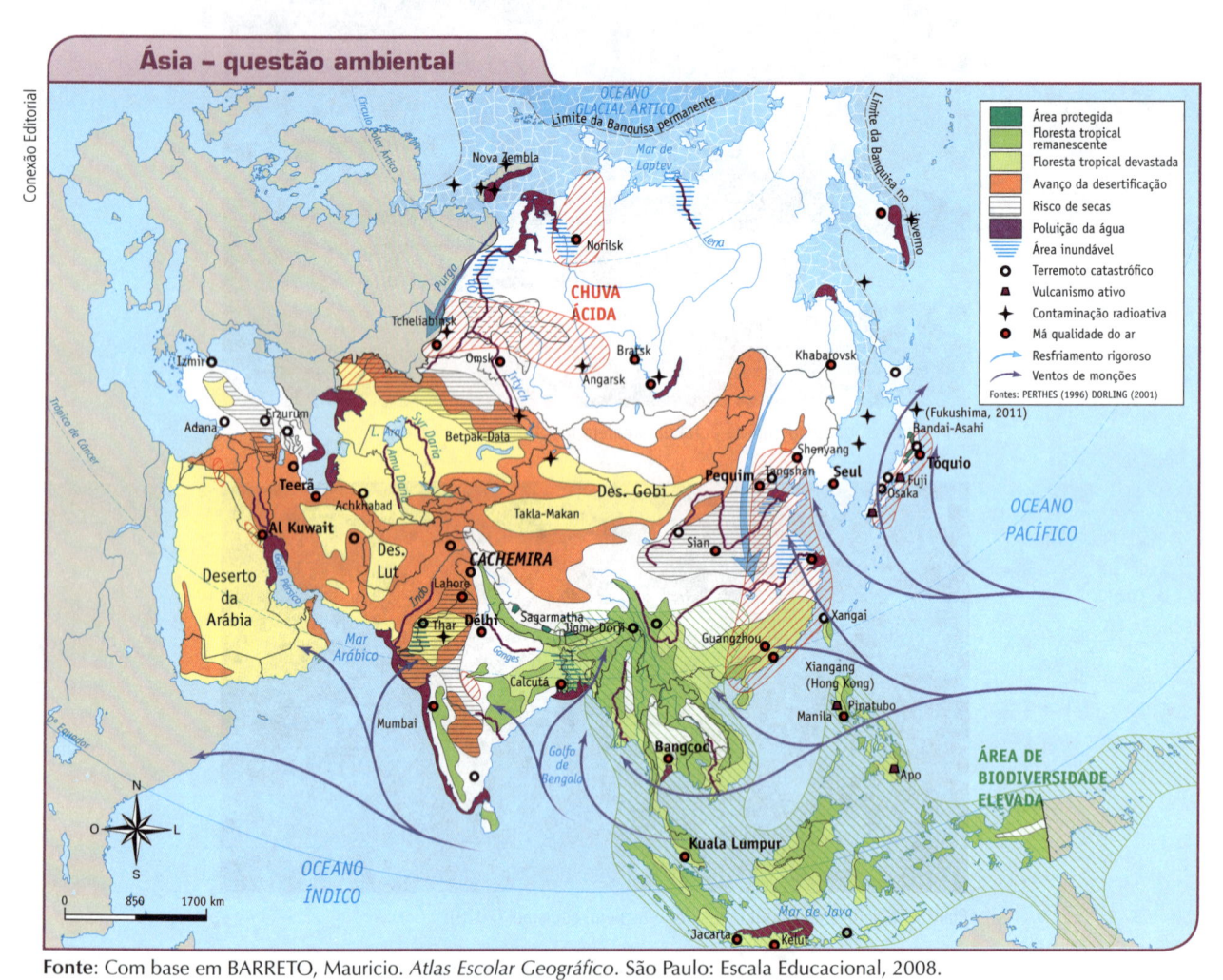

Ásia – questão ambiental

Legenda:
- Área protegida
- Floresta tropical remanescente
- Floresta tropical devastada
- Avanço da desertificação
- Risco de secas
- Poluição da água
- Área inundável
- Terremoto catastrófico
- Vulcanismo ativo
- Contaminação radioativa
- Má qualidade do ar
- Resfriamento rigoroso
- Ventos de monções

Fontes: PERTHES (1996) DORLING (2001)

Fonte: Com base em BARRETO, Mauricio. *Atlas Escolar Geográfico*. São Paulo: Escala Educacional, 2008.

6 Elabore um texto relacionando o relevo com a distribuição da população na Ásia a partir da interpretação dos mapas a seguir.

Ásia – relevo

Fonte: Com base em FERREIRA, Graça Maria Lemos. *Atlas geográfico espaço mundial*. São Paulo: Moderna, 2010.

Ásia – população

Fonte: Com base em FERREIRA, Graça Maria Lemos. *Atlas geográfico espaço mundial*. São Paulo: Moderna, 2010.

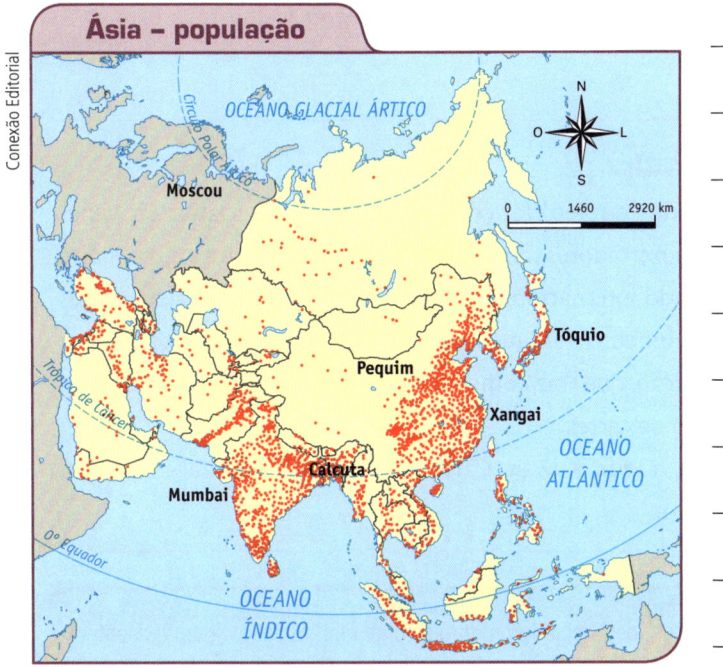

145

Oriente Médio: uma região de conflitos

Petróleo, prosperidade, desigualdade e pobreza

O Oriente Médio situa-se na porção sudoeste da Ásia, estando próximo a Europa e África. É banhado ao norte pelos mares Negro, Cáspio e Vermelho e também pelo Golfo Pérsico e oceano Índico.

A população do Oriente Médio concentra-se nas áreas mais úmidas e férteis. As regiões desérticas são pouco povoadas. Nos países mais pobres da região, ainda vivem alguns povos nômades que praticam a pecuária extensiva (carneiros e dromedários). Eles migram frequentemente de uma região para outra, à procura de água e alimento para o gado.

Até meados do século XX, o Oriente Médio estava sob influência europeia, principalmente do Reino Unido e da França. Quando a região libertou-se do imperialismo europeu, fragmentou-se em muitos países.

Exploração de petróleo.

Na atualidade, o Oriente Médio é uma região estratégica para a economia mundial, uma vez que apresenta as maiores reservas de petróleo do mundo. Muitos países desenvolvidos como Estados Unidos e emergentes como a China dependem do petróleo importado do Oriente Médio. Desse modo, os constantes conflitos na região, chamada de "barril de pólvora", constituem uma preocupação para as nações desenvolvidas que procuram exercer influência sobre os países da região.

A exploração de petróleo e gás natural concentra-se na região do Golfo Pérsico. A Arábia Saudita, país integrante da Opep, é o maior exportador de petróleo do Oriente Médio.

Você sabia?

A Opep

A Opep (Organização dos Países Exportadores de Petróleo) foi criada em 1960 por iniciativa da Venezuela. A organização reúne alguns dos maiores exportadores mundiais de petróleo. A Opep exerce muita influência sobre os preços do petróleo no mercado internacional. Ou seja, quando o preço cai, os países integrantes reduzem a produção para forçar um aumento dos preços. Quando o preço sobe muito, a Opep também costuma decidir pela elevação da produção, que traz como efeito a baixa nos preços do barril de petróleo. Por vezes, acusa-se a Opep de formação de cartel.

Os integrantes da Opep são: Arábia Saudita, Irã, Iraque, Kuwait, Catar, Barein, Emirados Árabes Unidos, Nigéria, Angola, Argélia, Líbia, Venezuela e Equador.

Cartel: empresas ou países que dominam a produção de um determinado produto e combinam os preços para aumentar a lucratividade, explorando o mercado consumidor.

No Oriente Médio, outros países exportam petróleo, embora não integrem a Opep, é o caso do Omã e do Iêmen. Alguns países enriqueceram com os dólares acumulados com as exportações de petróleo. Mesmo assim, parcelas da população do Oriente Médio ainda vivem em situação de pobreza. Isso acontece porque a riqueza é mal distribuída e apropriada por uma pequena elite econômica e política. Por exemplo, a Arábia Saudita, apesar de ser grande exportadora de petróleo, ainda apresenta 15% de sua população analfabeta.

Muitos países do Oriente Médio estão investindo na diversificação de suas economias para reduzir a dependência em relação às exportações de petróleo, um dos exemplos é Dubai, centro turístico, comercial e de finanças no Golfo Pérsico. O Catar também investe na diversificação e tornou-se a sede da Copa do Mundo de futebol de 2022.

Ilhas artificiais em Dubai, Emirados Árabes Unidos.

A política no Oriente Médio

No Oriente Médio, os governos de alguns países são autoritários. Alguns países são monarquias autoritárias, cujas famílias reais são detentoras de quase todo o poder. É o caso da Arábia Saudita, Kuwait, Emirados Árabes Unidos, Catar, Barein e Omã. Em outros existem regimes presidencialistas autoritários, como é o caso da Síria.

Ou seja, não existe democracia e as poucas eleições são controladas pelas classes dominantes. Existe censura aos meios de comunicação, incluindo a Internet. Chama a atenção a violação dos direitos humanos das mulheres. Até pouco tempo, as mulheres eram impedidas de votar em vários países muçulmanos. Mesmo tendo escolaridade, apresentam dificuldade de acesso aos cargos mais importantes nas empresas. Existem condenações à morte em casos de "supostos adultérios". Na Arábia Saudita, as mulheres não podem tirar carta de motorista.

Como estudamos no capítulo sobre a África, em 2011, começou a primavera árabe, ou seja, a onda de manifestações populares e de grupos opositores que exigem o fim das ditaduras no Oriente Médio e Norte da África. Caíram os governos do Egito e Tunísia. Na Líbia, houve uma intervenção da Otan (Organização do Tratado do Atlântico Norte) a favor dos rebeldes e contra o ditador Muamar Cadafi. No Oriente Médio, manifestações aconteceram no Iêmen, Barein, Jordânia e Síria.

Irã

Na década de 1970, o Irã tinha um governo autoritário e corrupto apoiado pelos Estados Unidos e Reino Unido, países que estavam interessados nas reservas de petróleo iranianas. A insatisfação da população com o governo fez com que acontecesse uma revolução em 1979. A revolução teve com principal líder, o religioso Aiatolá Khomeini.

A partir de então, o país passou a ter um governo influenciado pela religião (islamismo xiita). Desde 2009, quando o presidente Mahmoud Ahmadinejad manteve-se no poder com suspeitas de fraudes nas eleições, cresceram os movimentos por maior democracia no Irã. O governo reprimiu severamente os opositores.

Do ponto de vista geopolítico, o Irã assumiu uma postura crítica em relação à influência exagerada dos Estados Unidos e da União Europeia no Oriente Médio. O país também desenvolve um polêmico programa nuclear. O governo do Irã afirma que o programa seria para fins pacíficos, como a geração de energia através de usinas nucleares. Os Estados Unidos e seus aliados afirmam que o programa teria finalidade bélica.

Mahmoud Ahmadinejad, presidente do Irã.

Na verdade, é bem possível que o programa nuclear seja, inclusive para a defesa, uma vez que o Irã sente-se "cercado" por inimigos, pois os Estados Unidos mantêm tropas em países fronteiriços no Iraque e Afeganistão. Israel já é detentor de armas nucleares e tem uma relação de tensão com o Irã. Também existe uma rivalidade histórica entre iranianos (persas) e árabes. Portanto, as relações com a Arábia Saudita são pouco amistosas. Como o Irã tem maioria xiita, as relações com o Paquistão, país de maioria sunita, são marcadas por certa tensão, principalmente na região fronteiriça.

Afeganistão

Localizado na porção central da Ásia e sem saída para o mar, o Afeganistão é um dos países mais pobres do mundo. O país foi abalado por conflitos armados desde a década de 1980. Na década de 1990, o governo foi tomado pelo grupo islâmico radical Taleban. O Tabelan chegou até a impedir as mulheres afegãs de trabalhar e estudar. O grupo também colaborou com a rede terrorista Al Qaeda, liderada por Osama Bin Laden, responsável pelos atentados contra os Estados Unidos em 2001.

Em 2001, a Otan (Organização do Tratado do Atlântico Norte) realizou uma intervenção militar que derrubou o governo Taleban. A partir de então, houve a implantação de uma democracia instável no Afeganistão. O país passou a ter eleições presidenciais e um parlamento. O atual governo é aliado dos Estados Unidos. Desalojado do poder, o Taleban passou a atuar como guerrilha no interior do país, desferindo atentados contra o atual governo afegão e a Otan. Portanto, o Afeganistão ainda está longe de uma pacificação.

Um dos principais problemas é que a economia afegã depende em grande medida dos recursos do narcotráfico, pois o país é o maior produtor de papoula do mundo, matéria-prima para a produção de ópio e heroína.

Recentemente, foram descobertas no país grandes jazidas de lítio, um recurso mineral estratégico e utilizado em baterias de celulares e automóveis elétricos. A exploração mineral pode ser uma das alternativas para desenvolver a economia afegã. A descoberta foi feita por geólogos dos Estados Unidos ligados ao Pentágono, o que evidencia que os interesses norte-americanos no Afeganistão vão muito além da geopolítica.

Iraque

Em 2003, os Estados Unidos e o Reino Unido, sem autorização da ONU, lideram um polêmico ataque ao Iraque, a Guerra do Iraque. Os Estados Unidos alegaram que o país estaria desenvolvendo armas de destruição em massa e colaborando com o grupo terrorista Al Qaeda. Em pouco tempo, cai o governo de Saddam Hussein e foi implantado um regime democrático no Iraque com eleições parlamentares a partir de 2005.

Os grupos étnicos árabe-xiita (sul) e curdo (norte) conseguiram a maior parte dos votos e lideram a formação do novo governo. Parte da população, especialmente os árabes-sunitas (que apoiavam o governo de Saddam Hussein) é contra a permanência de tropas norte-americanas.

A situação continua tensa no Iraque, pois se formaram grupos armados que desferem atentados contra as tropas estrangeiras e o atual governo do Iraque. Também são comuns os conflitos religiosos entre sunitas e xiitas.

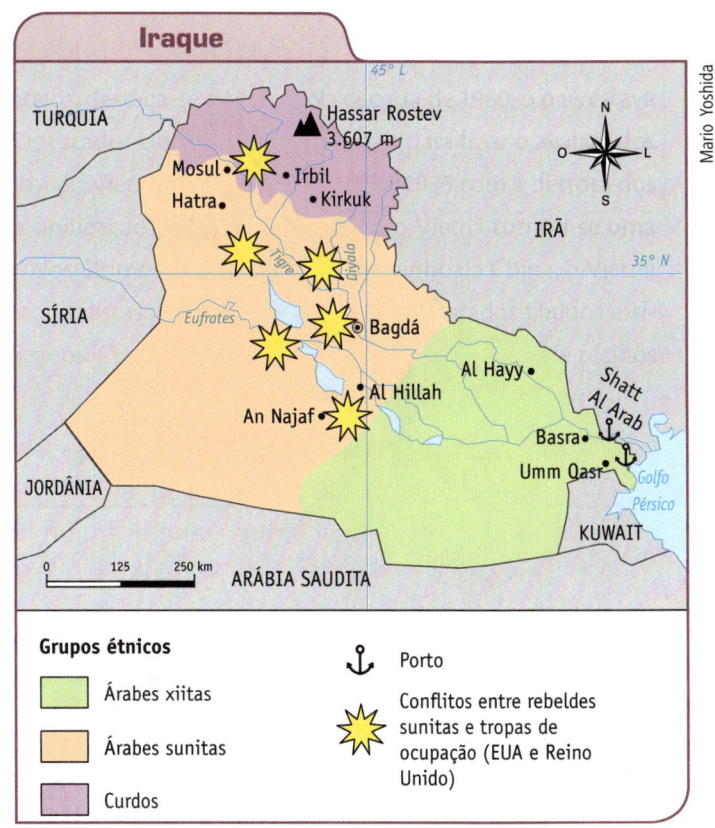

Fonte: Com base em Duby, George. *Atlas Historique Mondial*. Larousse, 2007.

O conflito entre Israel, palestinos e nações árabes

Os conflitos entre judeus e árabes se agravaram com as divergências sobre a criação do Estado de Israel em 1947. Após o holocausto, massacre sofrido pelos judeus na Segunda Guerra Mundial (1939-1945), intensificou-se o movimento sionista, que defendia a criação de uma pátria para os judeus no Oriente Médio.

Em 1947, a ONU decidiu pela Partilha da Palestina em dois países independentes: Israel (para os judeus) e Palestina (para os palestinos muçulmanos e cristãos). Os palestinos e os países árabes discordaram da criação de Israel, e logo começaram os conflitos na região.

Em 1948, Israel declarou sua independência unilateral. Na primeira guerra, os árabes foram derrotados por Israel que acabou por anexar 75% da região. A Jordânia anexou a Cisjordânia e o Egito incorporou a Faixa de Gaza.

O conflito mais sério viria depois, a Guerra dos Seis Dias (1967). Nesse conflito com os árabes, Israel anexou a Cisjordânia e a Faixa de Gaza (territórios palestinos), o Sinai (parte do território do Egito) e as Colinas de Golan (parte do território da Síria).

Muro de divisão na Cisjordânia, 2012.

Fonte: Com base em FERREIRA, Graça Maria Lemos. *Atlas geográfico espaço mundial*. São Paulo: Moderna, 2010.

Fonte: Com base em FERREIRA, Graça Maria Lemos. *Atlas geográfico espaço mundial*. São Paulo: Moderna, 2010.

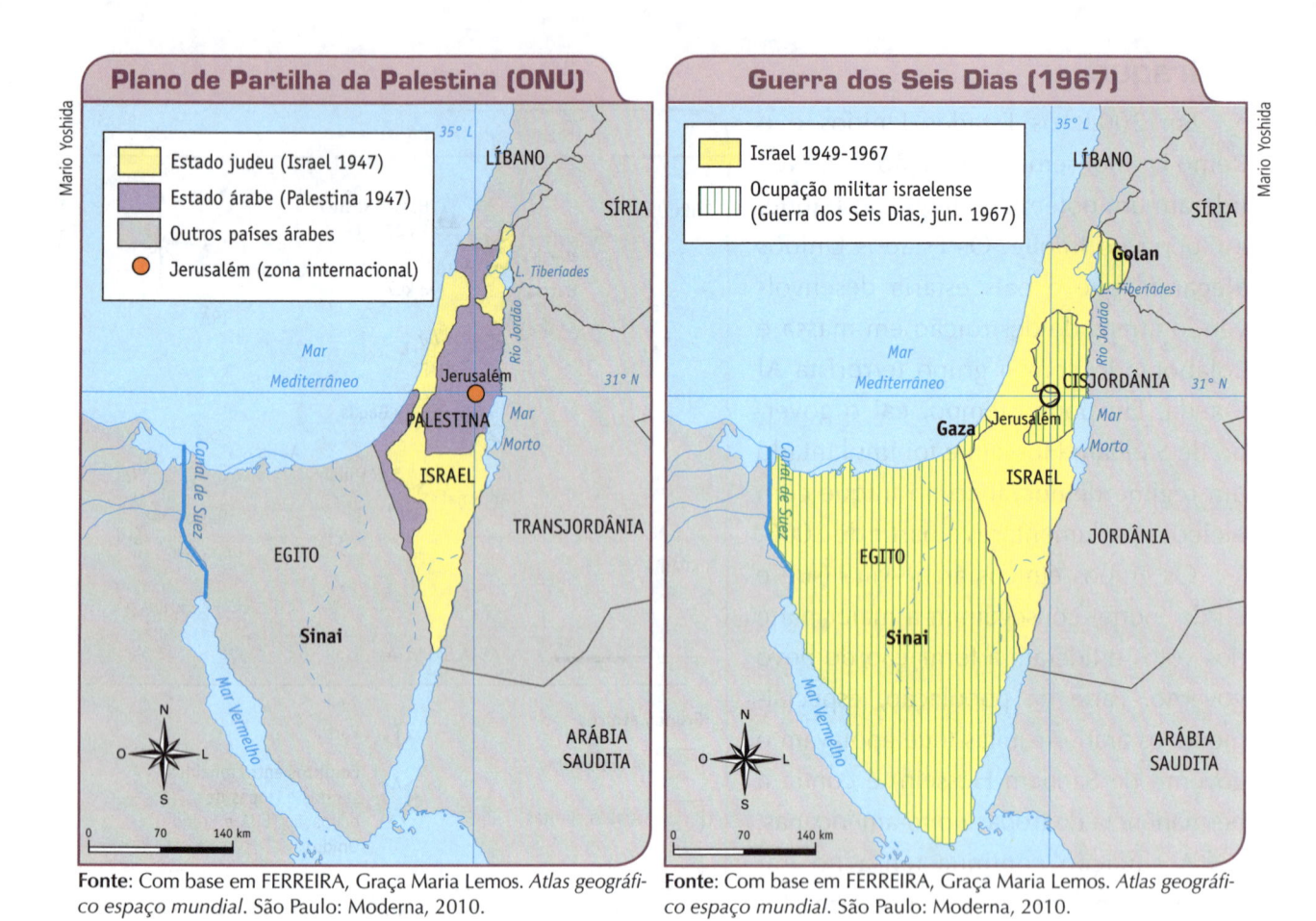

Na Guerra do Yom Kippur (1973), os árabes atacaram Israel, mas tiveram pouco êxito. O único território devolvido por Israel foi o Sinai que retornou para o Egito. A devolução foi possível graças a um acordo de paz firmado entre Israel e Egito em Camp David (1979), intermediado pelos Estados Unidos.

Os palestinos organizaram-se contra a ocupação israelense de seus territórios por meio da OLP (Organização para a Libertação da Palestina), liderada por Yasser Arafat. As rebeliões contra o domínio israelense na Faixa de Gaza e na Cisjordânia ficaram conhecidas como intifadas.

No decorrer das décadas de 1980 e 1990, aconteceram inúmeros conflitos e atentados envolvendo judeus e palestinos. Os grupos radicais judeus e palestinos são contra as negociações de paz. Do lado árabe e palestino, estão grupos fundamentalistas islâmicos e terroristas que praticam atentados contra Israel por meio de "homens-bomba". Os principais grupos são o Hamas (Movimento de Resistência Islâmica) e o Hizbolah (atuante a partir do sul do Líbano).

Em 1993, aconteceu o Acordo de Paz de Oslo, firmado pelo então primeiro-ministro Itzhak Rabin (Israel) e por Yasser Arafat (OLP). Em 2004, com a morte de Arafat as negociações de paz entre Israel e AP pouco avançaram e a situação permanece tensa na região. O único avanço relevante foi a retirada

Histórico acordo de paz de Oslo entre Arafat e Rabin em 1993.

das colônias de judeus da Faixa de Gaza em 2005, ordenada pelo então primeiro-ministro Ariel Sharon.

Em 2009, Israel ataca a Faixa de Gaza com o argumento de desmantelar o Hamas, porém destrói parte da infraestrutura e faz centenas de vítimas inocentes. O episódio gerou protestos da comunidade internacional.

As principais divergências entre Israel e palestinos são:

- o fim dos atentados terroristas suicidas praticados pelo Hamas;
- a remoção das colônias judaicas da Cisjordânia;
- o muro construído por Israel para isolar a Cisjordânia com o argumento de que era para evitar os atentados terroristas. Porém, os palestinos alegam que o muro construído pelos israelenses acabou por anexar mais terras palestinas ao território de Israel;
- a situação de Jerusalém, ocupada por Israel, que a considera sua capital "indivisível" e cuja parte Oriental é reivindicada pelos palestinos para ser sua futura capital política. Segundo a partilha da ONU, Jerusalém deveria ser uma cidade neutra, pois é sagrada para judeus, cristãos e muçulmanos.

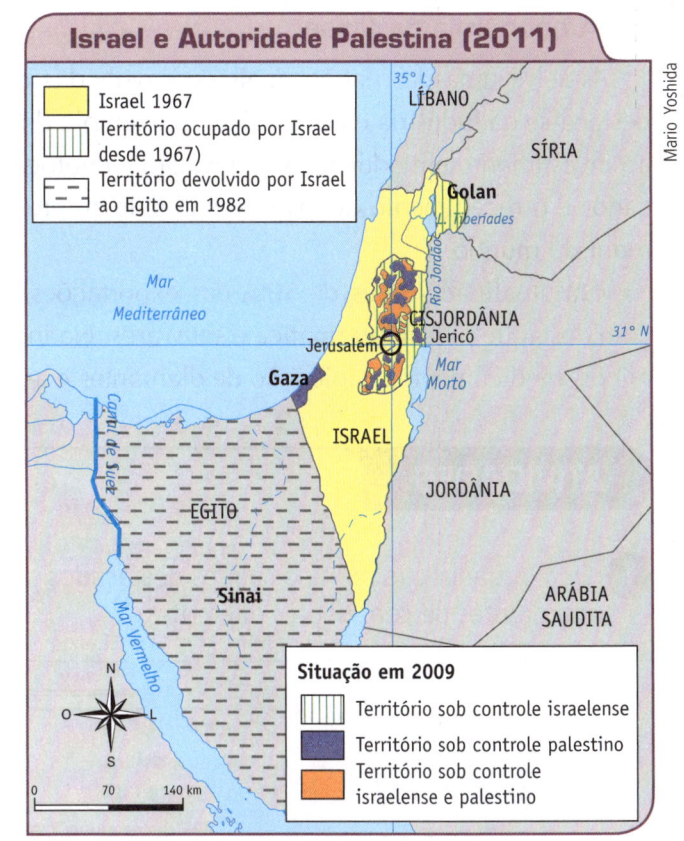

Israel e Autoridade Palestina (2011)

Fonte: Com base em FERREIRA, Graça Maria Lemos. *Atlas geográfico espaço mundial*. São Paulo: Moderna, 2010.

A foto mostra a diversidade religiosa em Jerusalém, o contraste entre o muro das lamentações (sagrado para os judeus) e a explanada nas mesquitas (sagrada para os muçulmanos).

A economia de Israel

Israel é uma das nações mais desenvolvidas do Oriente Médio. Além da agricultura, o país destaca-se na indústria e nos serviços, a exemplo do turismo. O desenvolvimento israelense deve-se ao investimento em educação e inovação tecnológica, recepção de imigrantes judeus bem qualificados e o recebimento de investimentos de empresas transnacionais e da comunidade judaica ao redor do mundo.

Na atualidade, mais de 50% das exportações israelenses são de produtos de alta tecnologia com destaque para a informática e *softwares*. Na indústria, sobressaem-se também os produtos químicos, medicamentos, lapidação de diamantes e armamentos.

ATIVIDADES

1 Qual organização reúne os países destacados no mapa a seguir? Mencione três países integrantes de continentes diferentes.

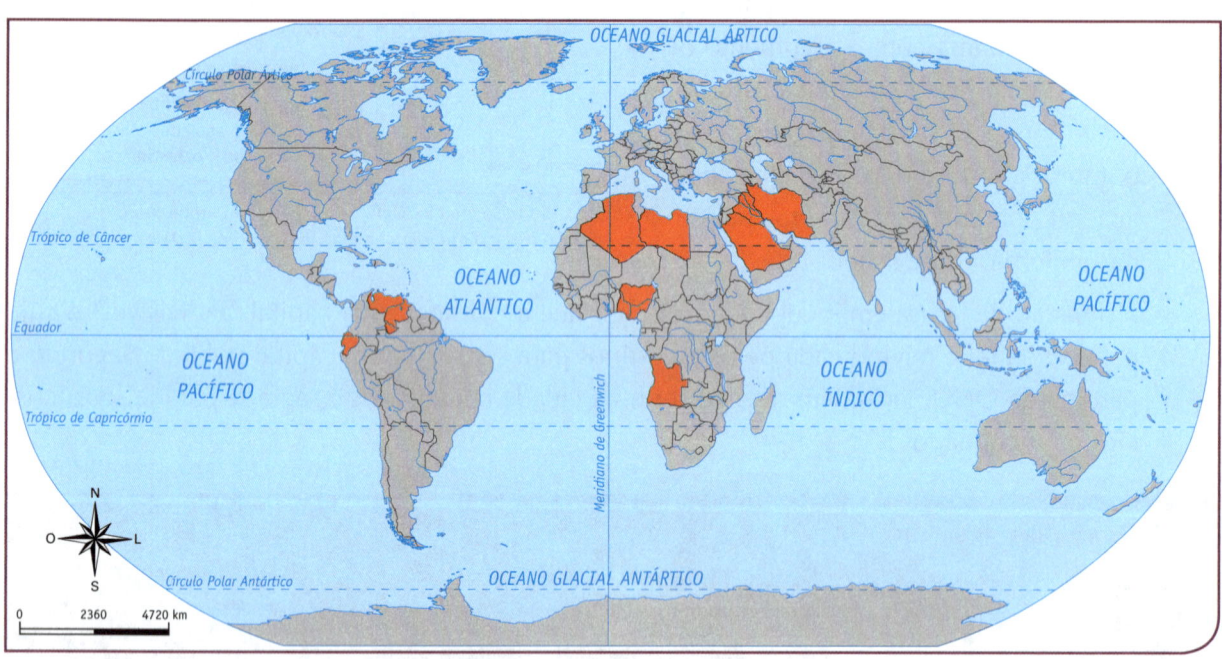

Fonte: IBGE. *Atlas Geográfico Escolar*. Rio de Janeiro: IBGE, 2009. E CIA - The World Factbook.

_____
_____
_____
_____
_____
_____
_____
_____

2 Liste em ordem crescente os cinco maiores produtores de petróleo do Oriente Médio.

___

Oriente Médio – Petróleo

Fonte: Com base em FERREIRA, Graça Maria Lemos. *Atlas geográfico espaço mundial*. São Paulo: Moderna, 2010.

3 Por que parte da população do Oriente Médio continua pobre, apesar das exportações de petróleo?

___

153

4 A partir da leitura do texto "O drama do povo curdo" e da interpretação do mapa ao lado, resolva os itens:

a) Qual é a principal reivindicação dos curdos?

_____

_____

_____

_____

_____

_____

_____

_____

_____

b) Por quais países se distribuem o povo curdo?

_____

5 A partir de seus conhecimentos e da análise do mapa ao lado, escreva sobre as reivindicações dos palestinos.

_____

_____

_____

_____

_____

_____

_____

_____

_____

_____

_____

_____

6 Elabore um texto sobre a diversidade religiosa em Jerusalém a partir da interpretação do mapa a seguir.

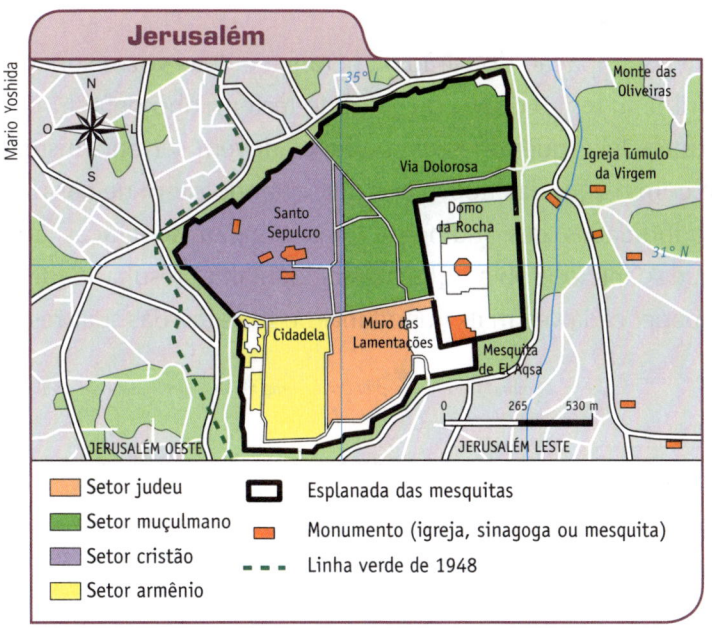

Jerusalém

Legenda:
- Setor judeu
- Setor muçulmano
- Setor cristão
- Setor armênio
- Esplanada das mesquitas
- Monumento (igreja, sinagoga ou mesquita)
- Linha verde de 1948

Fonte: Com base em FERREIRA, Graça Maria Lemos. *Atlas geográfico espaço mundial*. São Paulo: Moderna, 2010.

_____
_____
_____
_____
_____
_____
_____
_____
_____

7 A partir da leitura do texto a seguir, elabore um comentário sobre a situação das mulheres nos países islâmicos, comparando-a com a das mulheres no Brasil.

As mulheres no Oriente Médio

Poucos temas atraem tanto a atenção dos observadores da sociedade muçulmana como a posição das mulheres na mesma. (...)

É inegável que a lei santa do islã parece afirmar abertamente a superioridade do varão (homem) sobre a mulher. Um homem pode casar-se com quatro mulheres ao mesmo tempo; mas, se uma mulher toma simultaneamente mais de um homem, comete adultério e está sujeita a penas mais severas neste e no outro mundo. (...)

155

O homem decide o divórcio unilateralmente; a mulher, pelo contrário, só poderá fazê-lo por razões limitadas, perante os tribunais e com muitos impedimentos, confiando-se-lhe a custódia dos filhos.

Além disso, a participação do varão na herança é duas vezes superior à da mulher, e o seu testemunho no tribunal tem o dobro do valor do testemunho dela. (...)

O Alcorão estabelece que todas as mulheres devem ser enclausuradas no harém ou que devem cobrir-se com o véu, da cabeça aos pés, quando saem de casa.

Mas as oportunidades das mulheres transformaram-se graças ao enorme processo de modernização que se iniciou sob a influência ocidental. O resultado foi que as mulheres estão a desenvolver um papel cada vez mais importante no trabalho das suas respectivas sociedades. (...)

O mundo islamita. Esplendor de uma fé. Grandes impérios e civilizações. Edições del Prado. v. II. 1990.

Japão

Características gerais

Apesar de ter um território pequeno, o Japão é a terceira maior economia do mundo. Localiza-se em um arquipélago constituído por mais de 3 mil ilhas no leste da Ásia, com 372 mil km² de extensão territorial. Porém, é um país populoso, com 126,9 milhões de habitantes, e muito povoado: são cerca de 336 habitantes por km². A população é predominantemente urbana e apresenta excelente padrão de vida como podemos observar nos indicadores sociais da tabela a seguir.

Japão – indicadores sociais	
Mortalidade infantil (em cada mil nascidos até um ano de idade)	3,2
Expectativa de vida (em anos)	83,2
Alfabetização (% da população acima de 15 anos de idade)	99%
Decréscimo demográfico (% a cada ano)	–0,071

Fonte: IBGE.

O território japonês é marcado pela instabilidade geológica, pois está situado numa área de contato entre quatro placas tectônicas: Pacífico, América do Norte, Filipinas e Eurásia. Desse modo, são frequentes os terremotos, tsunamis e erupções vulcânicas. O governo japonês investiu em tecnologias de arquitetura e engenharia que reduzem o impacto dos tremores de terra. Diversos edifícios possuem dispositivos que suportam tremores de razoável intensidade.

Aeroporto de Kansai em Osaka, construído totalmente em um aterro no mar.

Como o relevo é montanhoso, as planícies fluviais japonesas são muito povoadas e os preços dos terrenos e imóveis são muito elevados. Assim, os japoneses conquistaram territórios em relação ao mar implantando imensos aterros. Neles existem indústrias, portos e até aeroportos como o de Kansai.

A região metropolitana de Tóquio, capital japonesa, é a maior do planeta com 35 milhões de habitantes. Ao fundo, o monte Fuji, vulcão adormecido que apresenta a maior altitude do país.

Economia japonesa

O processo de modernização do Japão iniciou-se em meados do século XIX, com a Revolução Meiji (1868-1912). Naquele período, o governo passou a ser centralizado, ficando sob o comando do imperador Mutsuhito. O capitalismo japonês teve grande impulso, com obras de infraestrutura e estímulo à atividade industrial.

Entre o final do século XIX e o início do século XX, o país passou a necessitar cada vez mais de matérias-primas e novos mercados consumidores. A política externa japonesa passou a ser imperialista. O Japão invadiu territórios dos países vizinhos e sua expansão prosseguiu na Segunda Guerra Mundial (1939-1945), quando se aliou à Alemanha nazista e à Itália fascista.

A expansão militar foi contida com a derrota do país, em 1945.

No pós-guerra, o país experimentou extraordinária recuperação econômica, primeiro com o auxílio financeiro dos Estados Unidos, o Plano Colombo. Depois, realizou grandes investimentos em educação, ciência, tecnologia e infraestrutura. A presença de uma elite e de uma classe trabalhadora disciplinada e nacionalista conduziu o país rapidamente ao sucesso econômico.

157

Como o Japão é predominantemente montanhoso, apenas 16% do espaço é utilizado para a agricultura, metade para o cultivo de arroz (rizicultura). Destaca-se também a produção de chá, frutas e legumes. O Japão é o maior país pesqueiro do mundo. Em sua costa, a ocorrência de duas correntes marinhas, a Oya Shivo (fria) e a Kuro Shivo (quente), cria condições para a concentração de cardumes de peixes e crustáceos.

O Japão é pobre em recursos minerais. As principais matérias-primas como petróleo, carvão mineral e urânio são importadas de outros países. O Brasil é grande fornecedor de minério de ferro. A energia oriunda das hidrelétricas é insuficiente. O país tem investido nas termelétricas e usinas nucleares.

Para facilitar as exportações e a recepção das matérias-primas, grande parte das indústrias japonesas localiza-se nas proximidades dos portos. A principal área de concentração urbana e industrial situa-se no sudeste da ilha de Honshu, região denominada de Megalópole Tokaido que integra as regiões metropolitanas de Tóquio, Osaka, Kyoto, Kobe, Nagoya e Hiroshima.

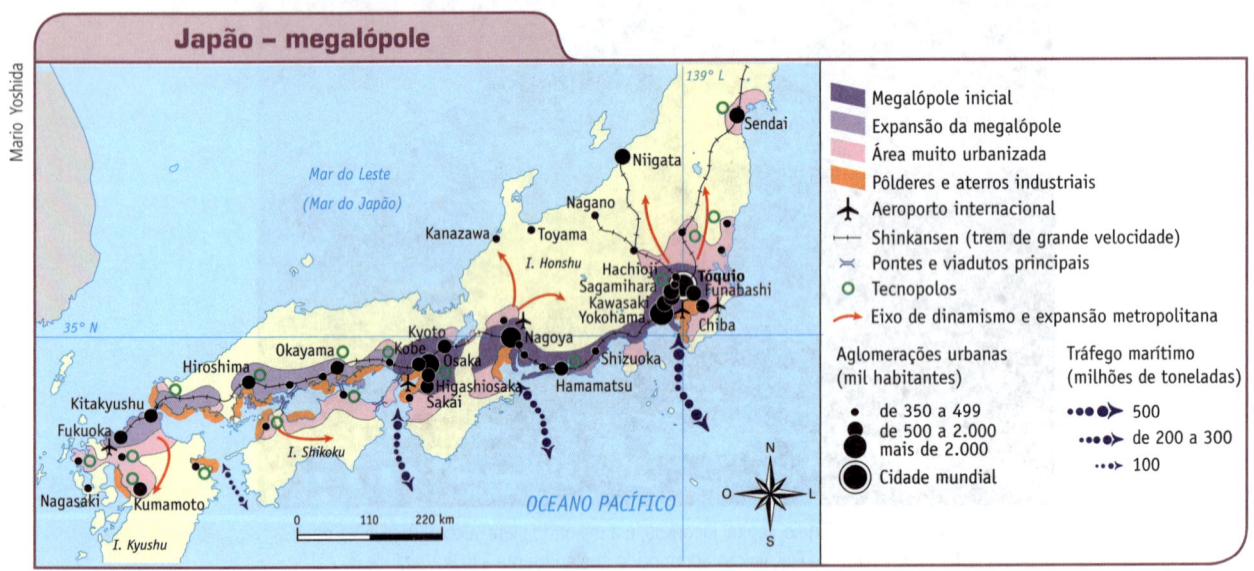

Fonte: Com base em FERREIRA, Graça Maria Lemos. *Atlas geográfico espaço mundial.* São Paulo: Moderna, 2010.

A rede de transportes, telecomunicações e informática é extensa e muito sofisticada, permitindo a rápida circulação de mercadorias, pessoas e informações. O trem-bala japonês interliga as principais cidades a uma velocidade de 250 km/h.

Os japoneses são grandes exportadores de produtos industrializados de alta tecnologia. O país destaca-se na produção de aço, automóveis, motocicletas, produtos eletrônicos, celulares, máquinas fotográficas, produtos de informática, tecidos e navios. A indústria possui elevado grau de automação e robotização. A situação financeira do país é privilegiada, pois ocorre superávit na balança comercial, ou seja, o país exporta mais do que importa.

Nas décadas de 1990 e 2000, o Japão teve um baixo crescimento econômico em decorrência das limitações de expansão de seu consumo interno, elevados gastos governamentais e problemas no setor bancário. O país também foi severamente abalado pela crise de 2008 e pelo grande terremoto e tsunami de 2011. Uma das consequências foi que a China ultrapassou o país e tornou-se a segunda maior economia do mundo.

> **Você sabia?**

Terremoto e tsunami no Japão (2011)

No ano de 2011, um terremto submarino de 8,9° na escala Richter (grande magnitude), cujo hipocentro foi em baixa profundidade (cerca de 30 km), provocou um tsunami de grandes proporções que atingiu o nordeste do país. O terremoto aconteceu na zona de convergência (subducção) entre as placas do Pacífico e da América do Norte.

Japão – terremoto em 2011

Tsunami

Após o terremoto, um tsunami atingiu a ilha de **Honshu** (em vermelho no mapa), a maior do arquipélago do Japão. As ondas causaram destruição na cidade de Sendai.

Placas Tectônicas

Segundo o Centro de Estudos Geológicos dos Estados Unidos, o terremoto aconteceu por atrito entre as placas Norte-americana e Pacífica.

1 Eurasiana   2 Filipina   3 Pacífica   4 Norte-americana

O terremoto provocou a formação de um tsunami de grandes proporções que atingiu principalmente o nordeste da ilha de Honshu. O tsunami propagou-se pelo Pacífico.

O tsunami e o terremoto tiveram consequências socioeconômicas preocupantes para o Japão:

- a perda de milhares de vidas humanas;
- destruição de moradias nas planícies litorâneas, uma vez que são áreas com concentração demográfica e urbana no país;
- graves danos à infraestrutura de transportes (rodovias, ferrovias e portos), geração e distribuição de energia;
- prejuízos para a atividade pesqueira, que é muito importante no nordeste japonês, visto que muitos navios e portos pesqueiros foram destruídos;
- danos para a atividade industrial que se concentrava em zonas urbanas das planícies litorâneas;
- prejuízos financeiros para a economia japonesa, que já apresentava baixo crescimento econômico, sobretudo após a crise de 2008.

Tsunami avançando sobre uma cidade do nordeste japonês.

ATIVIDADES

1 Em quais setores econômicos o Japão investiu para se tornar uma potência econômica após o término da Segunda Guerra Mundial?

_____

_____

_____

2 Podemos afirmar que:

a) O Japão é pobre em recursos minerais. ( )

b) É rico em petróleo e pobre em ferro. ( )

c) O Japão é autossuficiente em recursos minerais. ( )

d) Foram descobertas grandes reservas de petróleo em seu território. ( )

3 Observe o mapa a seguir e assinale a alternativa correta.

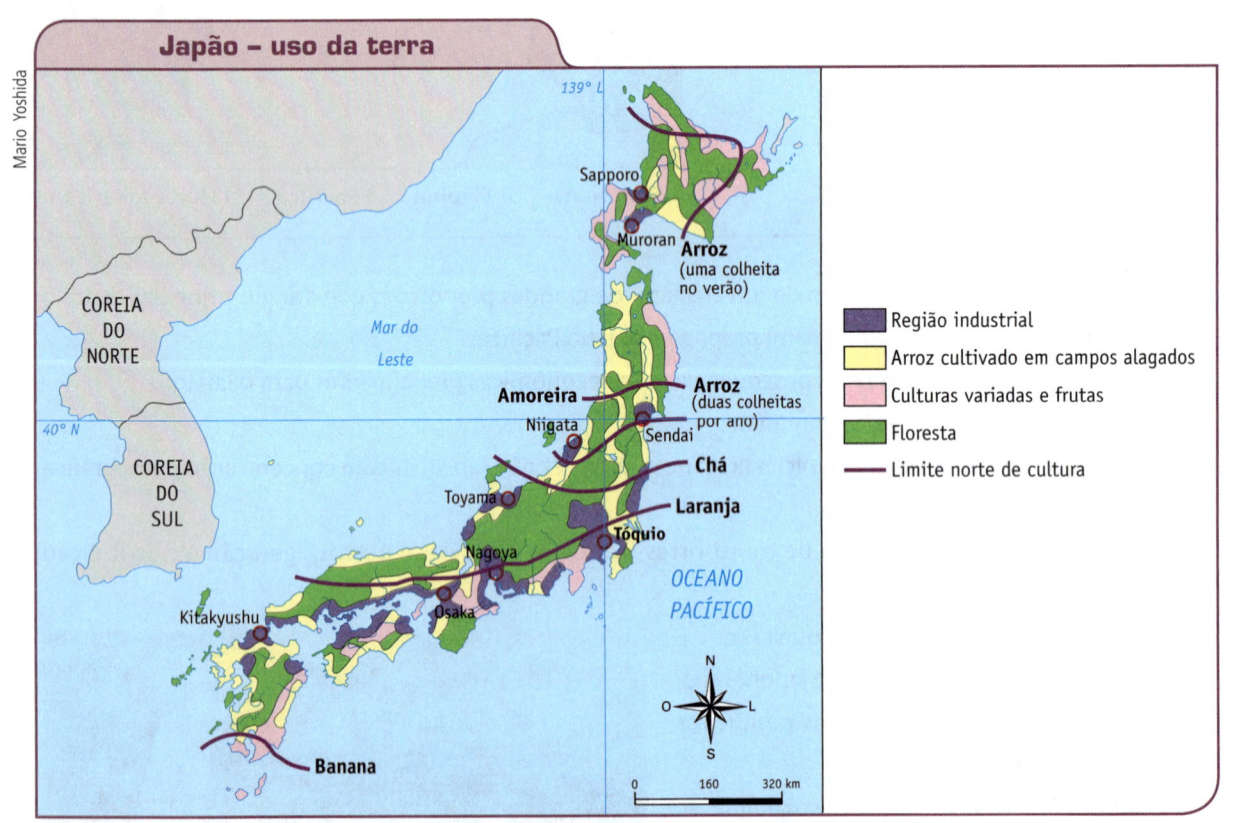

Japão – uso da terra

Fonte: Com base em FERREIRA, Graça Maria Lemos. *Atlas geográfico espaço mundial*. São Paulo: Moderna, 2010.

a) O uso da terra é intenso no Japão. ( )

b) É relativamente intenso o uso da terra no Japão. ( )

c) É muito intenso o uso da terra no Japão. ( )

d) Não há uso da terra no Japão. ( )

4 Elabore um texto sobre a influência do Japão em seu cotidiano a partir da interpretação das imagens a seguir.

A Personagens de video-game japonês.

B Televisor de empresa japonesa.

C Comida japonesa.

D Bairro da Liberdade em São Paulo.

_____
_____
_____
_____
_____
_____
_____

Tigres Asiáticos

Especialmente a partir da década de 1970, alguns países subdesenvolvidos asiáticos passaram por acelerado crescimento de suas economias. Esse formidável salto econômico fez com que esses países fossem comparados aos "tigres", devido a sua excelente competitividade na economia globalizada.

Inicialmente, sobressaíram-se a Coreia do Sul, Taiwan (República da China), Cingapura e Hong Kong (hoje administrada pela República Popular da China). A partir da década de 1980, outros países seguiram o exemplo, a Indonésia, a Malásia, a Tailândia e as Filipinas.

161

Os Tigres Asiáticos possuem as seguintes características comuns:
- são países subdesenvolvidos e industrializados (emergentes), pois ainda não superaram as desigualdades sociais e a dependência financeira em relação aos países desenvolvidos mais importantes;
- para atrair investimentos industriais e financeiros de multinacionais vindas dos Estados Unidos, União Europeia e Japão oferecem incentivos fiscais, ou seja, isenção ou redução de impostos;
- outro atrativo é a mão de obra mais barata (salários inferiores aos pagos nos países ricos), disciplinada e com boa qualificação;
- alguns países apresentam leis ambientais pouco rigorosas, atraindo empresas estrangeiras potencialmente poluidoras;
- os Tigres especializaram-se na exportação de produtos industrializados como eletrônicos, computadores, automóveis, tecidos, brinquedos e navios.

A Coreia do Sul é um dos países mais sofisticados na construção de navios.

Você sabia?

As duas Coreias

Durante a Guerra Fria, na década de 1950, a península coreana foi dividida em dois países: a Coreia do Norte (socialista e com o apoio da União Soviética) e a Coreia do Sul (capitalista e com o apoio dos Estados Unidos). A Coreia do Sul transformou-se no principal Tigre Asiático. Seguindo o exemplo japonês, os sul-coreanos investiram bastante em educação, ciência e tecnologia, fazendo do país exportador de produtos sofisticados. Hoje, a Coreia do Sul, juntamente com Cingapura e Taiwan, é candidata a integrar o clube dos países ricos, graças aos elevados indicadores sociais e econômicos, além da democracia política.

Após o término da União Soviética, a Coreia do Norte entrou em grave crise. Os principais problemas do país são a permanência de um governo autoritário e o crescimento da pobreza. A economia norte-coreana é baseada na agricultura, indústria e mineração (reservas de ferro, tungstênio, grafite e magnesita).

Apesar da pobreza e da subnutrição que atinge grande parte da população, o governo investe no desenvolvimento de armamentos como mísseis e armas nucleares. O país abandonou o TNP (Tratado de Não Proliferação Nuclear). A Coreia do Norte realizou dois testes nucleares subterrâneos (2006 e 2009), agravando a tensão com os Estados Unidos, Coreia do Sul e Japão.

Indonésia

A Indonésia é o país mais importante do sudeste asiático, sendo o quarto mais populoso do mundo, com 232 milhões de habitantes. A maior parte da população é islâmica. O país é grande exportador de petróleo e gás natural, além de apresentar rápida expansão industrial.

A crise financeira ocorrida na década de 1990 conduziu ao fim da ditadura que dominava o país desde a década de 1960. O ditador Suharto, acusado de corrupção e desrespeito aos direitos humanos, teve que abandonar o poder em virtude dos protestos da população.

A Indonésia apresenta diversos conflitos étnicos, religiosos e separatistas internos. Isso acontece porque o país é um arquipélago com milhares de ilhas, muitas delas com etnias e culturas específicas que foram reprimidas durante o período ditatorial. O país enfrenta tensões separatistas das minorias aceh (norte da ilha de Sumatra) e papua (oeste da Ilha de Nova Guiné).

ATIVIDADES

1) Cite três características dos Tigres Asiáticos.

_____
_____
_____
_____

2) Cite duas diferenças entre as Coreias do Norte e do Sul.

_____
_____
_____
_____

3) Escreva sobre a evolução das exportações dos Tigres Asiáticos a partir da interpretação dos gráficos a seguir.

_____
_____

Tigres Asiáticos – estrutura das exportações

(Gráfico com dados de 1960, 1970, 1980, 1990 e 2000 para: Hong Kong, Coreia do Sul, Taiwan, Cingapura, Tailândia, Filipinas, Malásia, Indonésia)

- Produtos primários (azul)
- Produtos industrializados (marrom)

Fonte: Com base em FERREIRA, Graça Maria Lemos. *Atlas geográfico espaço mundial.* São Paulo: Moderna, 2010.

Sul da Ásia

No Sul da Ásia, localizam-se Índia, Paquistão, Bangladesh, Sri Lanka, Nepal, Butão e Ilhas Maldivas. Essa região caracteriza-se por ser densamente povoada e apresentar expressiva diversidade étnica e religiosa. Essa porção do continente asiático foi submetida ao domínio europeu até meados do século XX. A independência efetivou-se por meio de movimentos nacionalistas, nos quais se destacou o líder pacifista indiano Mahatma Gandhi.

Após a independência, as diferenças religiosas levaram à fragmentação política e à formação de vários países. A Índia, onde a maioria da população era hinduísta, separou-se do Paquistão, com maioria islâmica. Em 1971, Bangladesh, que integrava o Paquistão, declarou-se independente. O islamismo é dominante nas Ilhas Maldivas, enquanto o budismo prevalece no Sri Lanka e Butão.

Índia: potência econômica emergente

A Índia é um país estratégico no mundo atual. Apresenta uma área territorial de 3,2 milhões de km² (8ª do mundo) e 1 bilhão e 214 milhões de habitantes (2ª do mundo). Hoje, a Índia é uma potência regional e uma das economias mais dinâmicas do mundo.

Cerca de 70% da população é rural e trabalha no setor primário da economia (agropecuária e extrativismo). A população urbana corresponde a 30%, mas apresenta rápido crescimento com a formação de grandes metrópoles como Kolkata (ex-Calcutá), Mumbai (ex-Bombaim), Nova Délhi, Chennai (ex-Madras) e Bangalore.

Indiana prestando serviço terceirizado.

O principal centro financeiro é Mumbai, onde se situa a bolsa de valores indiana. A Índia é um país industrializado com destaque em setores como: aço, tecidos e confecções, produtos químicos, medicamentos e informática.

Na Índia, o ensino universitário para parte da população é de excelente qualidade, formando trabalhadores qualificados para setores de alta tecnologia. Nos últimos anos, a Índia tornou-se líder na exportação de *softwares* (programas para computadores). Os polos mais importantes da indústria de informática localizam-se ao sul do território, especialmente nas metrópoles de Chennai e Bangalore, já chamadas de "vale do silício indiano".

A Índia avançou muito no setor de serviços, especialmente os realizados através da Internet. Empresas indianas resolvem problemas a distância de clientes localizados nas mais diversas partes do mundo. Por exemplo, um americano que esteja com problemas no seu computador ou que queira consultar um contador para calcular seu imposto de renda pode ter sua questão resolvida por um indiano localizado a milhares de quilômetros de distância.

O acelerado crescimento da economia não foi acompanhado por uma modernização equivalente da infraestrutura. O país ainda apresenta deficiências

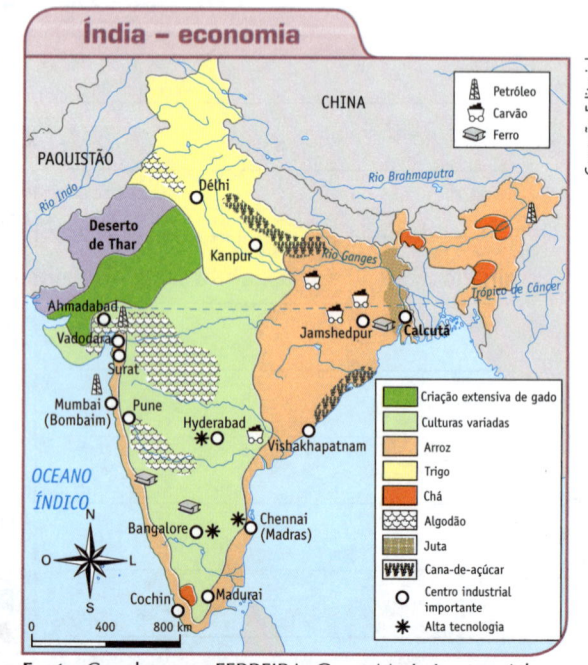

Fonte: Com base em FERREIRA, Graça Maria Lemos. *Atlas geográfico espaço mundial*. São Paulo: Moderna, 2010.

nos transportes, portos, telecomunicações e energia. A produção de petróleo e carvão mineral já é insuficiente e o país complementa seu consumo com importações. A Índia apresenta usinas nucleares que respondem por 2% do consumo nacional de energia elétrica. A agricultura é uma das maiores do mundo com produção de trigo, arroz, cana-de-açúcar, algodão, chá e fumo.

A sociedade indiana

Na Índia, as línguas oficiais são o inglês e o hindi, somadas a 17 línguas regionais e 1600 dialetos locais. Apesar dessa extraordinária diversidade étnica, a maioria da população é seguidora da religião hinduísta.

O governo indiano estimula o controle da natalidade difundindo os métodos anticoncepcionais, desde o uso da camisinha até a cirurgia de vasectomia nos homens. Porém, a precariedade dos serviços de saúde e educação dificulta a conscientização da população no que se refere à redução do número de filhos.

A desigualdade social é profunda. Apesar de a maioria da população viver entre a pobreza e a extrema miséria, a Índia apresenta uma classe média de mais de 200 milhões de pessoas, contingente maior que toda a população do Brasil e com razoável poder de consumo.

Você sabia?

As castas e a situação dos dalits

A religião hinduísta desenvolveu uma sociedade desigual dividida em grupos sociais rígidos denominados castas. No sistema de castas, a situação social dos filhos costuma ser herdada dos pais. A base é o princípio hinduísta da reencarnação e do carma, ou seja, o presente é determinado pelo que a pessoa supostamente fez na vida anterior. Isto é, quem nasce miserável tende a permanecer na miséria até o fim da vida. Desse modo, a ascensão social é bastante restrita em várias regiões do país.

Os casamentos são todos arranjados, ou seja, trata-se de um negócio entre as famílias indianas. A pessoa deve casar-se com uma outra da mesma casta. Casar com alguém de outra casta, especialmente se for inferior, é considerado uma transgressão social. Nascer numa casta determina o modo de se vestir, de comer, de se comportar e até a profissão.

Na Índia, as principais castas são: brâmanes (elite dominante, religiosos e nobres), xátrias (militares), vaixias (camponeses e comerciantes) e sudras (trabalhadores subalternos).

Na base da pirâmide social indiana, existem milhões de pessoas em situação de total exclusão social, denominados dalits, párias ou intocáveis. Os dalits vivem abaixo da linha da pobreza, ficam com os piores empregos e muitos são humilhados. Não podem comer nos mesmos talheres usados pelas demais castas e são impedidos de frequentar as mesmas escolas.

O governo da Índia proibiu o sistema de castas desde 1950, mas o sistema continua em vigor no cotidiano, sendo muito forte nas áreas rurais. No país existem vários movimentos de direitos humanos que lutam contra a discriminação e pelos direitos dos dalits à educação, à saúde e à moradia.

Crianças dalits na Índia.

Os conflitos no sul da Ásia

No sul da Ásia, existem diversos conflitos. O principal deles acontece entre a Índia e o Paquistão. Os dois países disputam o controle da região da Caxemira, localizada ao norte e abrangendo parte da cadeia montanhosa do Himalaia.

A Caxemira encontra-se dividida entre três países: Índia, Paquistão e China. Na Caxemira indiana, a maioria da população é muçulmana. O governo indiano acusa o Paquistão de estimular uma rebelião separatista na região, buscando incorporar o território.

A disputa na região levou os dois países à guerra em 1948 e 1965. Nos últimos anos, aconteceram frequentes confrontos armados na faixa de fronteira. No final da década de 1990, a Índia e o Paquistão chegaram a fazer testes nucleares subterrâneos visando intimidar um ao outro. A ameaça nuclear torna o conflito muito mais sério e perigoso.

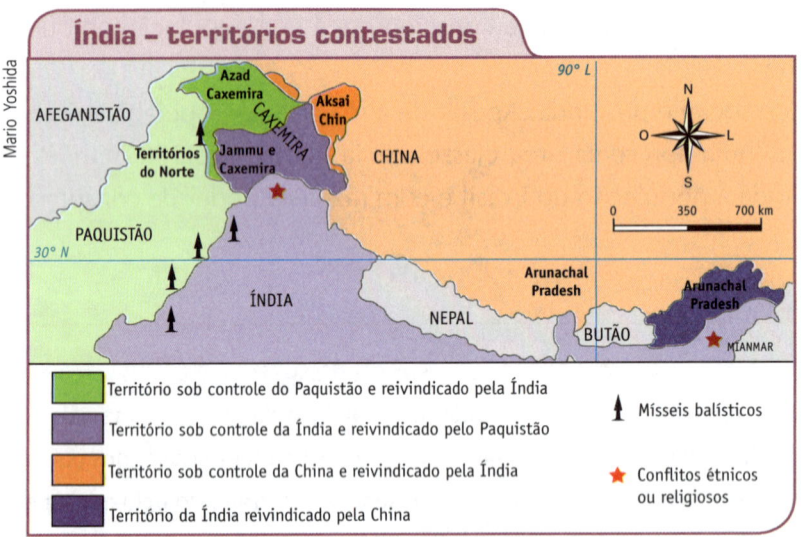

Fonte: Com base em FERREIRA, Graça Maria Lemos. *Atlas geográfico espaço mundial*. São Paulo: Moderna, 2010.

Demais nações asiáticas

Brunei é um pequeno país localizado na Ilha de Bórneu. A economia é baseada nas exportações de petróleo, gás, borracha natural e madeira.

Situado na península da Indochina e sem saída para o mar, Laos é um país muito pobre e apresenta economia baseada no setor primário com produção de arroz, café, estanho e exploração de madeira (especialmente a Teca).

Localizada entre a Rússia e a China, a Mongólia é dominada pelo deserto de Gobi. O país destaca-se na pecuária extensiva (bovinos, ovinos, caprinos e camelos), criação de cavalos e produtos agrícolas (trigo, cevada, aveia e milhete). Também apresenta reservas pouco exploradas de ferro, cobre, estanho, carvão, ouro e petróleo.

O Camboja teve sua economia destruída após décadas de guerra civil envolvendo a guerrilha esquerdista do Khmer Vermelho, responsável pelo assassinato de mais de 1 milhão de pessoas na década de 1970. A paz retornou ao país na década de 1990 e a economia voltou a crescer com as exportações de arroz, tecidos e roupas.

Em Mianmar (ex-Birmânia) ainda vigora uma ditadura militar. A principal líder de oposição ao governo, a ganhadora do Nobel da Paz, Yang Su Ti, chegou a ser presa pelo governo e foi libertada em 2010. O país destaca-se na produção de arroz, exploração de madeira e indústria alimentícia. Também apresenta áreas com cultivo da papoula para a produção de ópio e heroína.

ATIVIDADES

1 Quais fatores tornam a Índia um país estratégico no cenário mundial atual?

_____
_____
_____
_____
_____
_____
_____
_____
_____

2 A partir da interpretação do mapa da Índia (página 164), responda aos itens:

a) Cite dois centros industriais localizados no norte do país.

_____
_____
_____

b) Mencione dois centros industriais com indústria de informática.

_____
_____
_____

c) Cite dois produtos agrícolas importantes.

_____
_____
_____

d) Mencione dois recursos minerais importantes.

_____
_____
_____

3 Produza um texto sobre a diversidade religiosa na Índia e o conflito na Caxemira a partir da análise do mapa a seguir.

Índia – religiões

População (% do total)

Hinduísta — mais de 90; de 20 a 90
Muçulmana — mais de 90; de 20 a 90
Budista — mais de 80
Sikh — mais de 30
Cristã — mais de 25

Fonte: Com base em FERREIRA, Graça Maria Lemos. *Atlas geográfico espaço mundial*. São Paulo: Moderna, 2010.

China

Aspectos gerais

Na atualidade, a China é a principal potência em ascensão econômica e militar no mundo. Trata-se do terceiro país mais extenso do mundo, com 9,5 milhões de km². Esse território apresenta grande quantidade e diversidade de recursos naturais.

Também é o país mais populoso do planeta, com 1 bilhão e 354 milhões de habitantes com um mercado consumidor em crescimento acelerado. O país também é a maior potência militar e nuclear da Ásia. O crescimento chinês já incomoda outras potências, como o Japão e os Estados Unidos.

Cidade proibida em Pequim, capital da China.

168

> **Você sabia?**
>
> ### Um pouco de história da China
>
> A civilização chinesa apresenta mais de 5 mil anos de história. Por muito tempo, o país manteve-se bastante isolado em relação ao restante do mundo. As preocupações principais eram internas, daí o significado da palavra China: "o império do centro".
>
> A partir do século XX, iniciou-se um longo processo de disputas pelo poder político. Na década de 1920, instaurou-se o governo de Chiang Kai Shek, do Partido Nacionalista (Kuomintang), com o apoio das potências capitalistas. A oposição era comandada pelo Partido Comunista, liderado por Mao Tse-tung. Embora tivessem discordâncias ideológicas, esses dois grupos se uniram na guerra contra a ocupação japonesa (1931), que perdurou até a Segunda Guerra Mundial (1939-45).
>
> Terminada a Segunda Guerra Mundial, as divergências entre Chiang Kai Shek e Mao Tse-Tung levaram o país para uma violenta guerra civil. Em 1949, ocorreu a vitória dos comunistas e foi fundada a República Popular da China (porção continental). Derrotado, Chiang Kai Shek, foge com seus seguidores para a ilha de Taiwan, onde fundou um país capitalista, a República da China.
>
> Na República Popular da China, o poder político é monopólio do PCC (Partido Comunista Chinês). Com a morte de Mao Tse-tung (1975), ascendeu ao poder um novo líder, Deng Xiaoping, que implementou importantes reformas com o objetivo de modernizar a economia chinesa e abrir o país para a entrada de investimentos estrangeiros. A incorporação de Hong Kong (1997) e de Macau (1999) fortaleceu a China do ponto de vista econômico e geopolítico.

O extraordinário crescimento econômico chinês

Desde o final da década de 1970, a abertura da economia chinesa para a entrada de capital estrangeiro permitiu um elevado crescimento econômico. Aconteceram formidáveis avanços em educação, ciência e tecnologia, defesa, agricultura e atividade industrial. Em 2011, a China tornou-se a segunda maior economia do mundo e deverá ultrapassar os Estados Unidos até 2020.

A China rural

Apesar da modernização, a maior parte da população chinesa ainda é rural. A agropecuária emprega mais da metade da população economicamente ativa, mas responde por apenas 15% da economia do país.

A China produz em abundância: arroz, trigo, açúcar, chá, soja, milho, batata, seda e tabaco. O país apresenta pecuária diversificada (bovinos, aves, suínos e ovinos). A porção nordeste do país (clima temperado) apresenta produção de trigo, sorgo, beterraba, algodão e soja. Já a porção sul (clima subtropical) destina-se à produção de arroz, cana-de-açúcar, milho e frutas.

Com o crescimento econômico dos últimos anos, houve uma melhoria dos padrões nutricionais e o país passou a ser importador de produtos agrícolas, a exemplo da soja brasileira.

No sul da China, planícies alagadas e cultivadas com a presença das espetaculares montanhas calcárias da região de Guilin ao fundo.

Indústria e desigualdade regional

A China apresenta a maior produção industrial do mundo. A indústria é o motor da economia e está em vertiginosa expansão. A industrialização do país foi favorecida pela disponibilidade de recursos minerais como ferro e carvão mineral (região da Manchúria), petróleo (região de Xinjiang), além de manganês, estanho, antimônio, tungstênio e ouro. Mesmo assim, os recursos locais não são mais suficientes para abastecer as indústrias chinesas, fazendo com que o país tenha que importar recursos minerais como petróleo e recursos minerais. O Brasil é grande fornecedor de minério de ferro.

Devido a abundância em recursos hídricos e a disposição do relevo (desníveis de altitude e quedas-d'água), o país possui grande potencial hidrelétrico. A China construiu no rio Yang Tsé a hidrelétrica de Três Gargantas, uma das maiores do mundo. A indústria pesada (aço, metalurgia, mecânica e química) concentra-se nas regiões da Manchúria, Nankin, Xangai e Pequim.

O governo criou as ZEEs (Zonas Econômicas Especiais), localizadas na orla litorânea. São zonas abertas para a entrada de capital estrangeiro e multinacionais, muitas delas em sociedade com empresários chineses. Essas zonas concentram a indústria de bens de consumo que abastece o mercado interno e as exportações. A China tornou-se grande exportadora de tecidos e confecções, brinquedos, produtos eletrônicos, computadores, automóveis, navios e máquinas para a indústria.

Os produtos chineses são baratos e muito competitivos no mercado internacional, fazendo do país, o maior exportador do mundo. As vantagens oferecidas pelos chineses para investir e exportar são quase imbatíveis:

- moeda (yuan) desvalorizada em relação ao dólar;
- mão de obra barata, qualificada e disciplinada;
- imenso mercado consumidor interno;
- excelente infraestrutura de transportes, portos, telecomunicações e energia;
- grande investimento em educação, ciência e tecnologia.

Indústria na China: "a fábrica do mundo".

O crescimento econômico conduziu a uma rápida modernização da região litorânea do país com a formação de uma classe alta e média com alto poder de consumo. A região metropolitana de Xangai é o centro financeiro do país e está repleta de arranha-céus arrojados e grandes obras de engenharia.

As metrópoles chinesas se transformaram em polos de atração de migrantes provenientes de áreas rurais pobres do interior do país. Uma das consequências do crescimento econômico foi o aumento da desigualdade social e regional na China.

A porção central do país ainda é predominantemente rural, embora esteja em rápida industrialização. O governo chinês está dando incentivos para a indústria se instalar no interior do país. Gradativamente, o litoral concentra os setores de tecnologia mais avançada. Para o interior vão as empresas de produtos com menor valor agregado.

Em geral, a porção oeste é mais pobre, pouco povoada e conta com a presença de minorias étnicas. Mesmo assim, destaca-se na exploração mineral e também ganha indústrias.

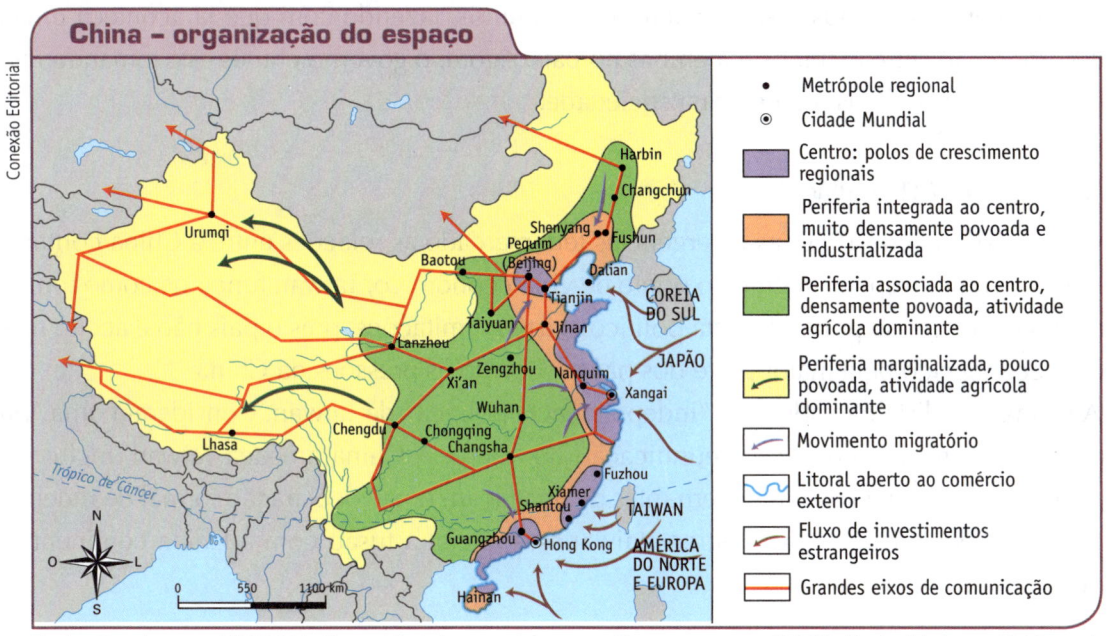

China – organização do espaço

- Metrópole regional
- Cidade Mundial
- Centro: polos de crescimento regionais
- Periferia integrada ao centro, muito densamente povoada e industrializada
- Periferia associada ao centro, densamente povoada, atividade agrícola dominante
- Periferia marginalizada, pouco povoada, atividade agrícola dominante
- Movimento migratório
- Litoral aberto ao comércio exterior
- Fluxo de investimentos estrangeiros
- Grandes eixos de comunicação

Fonte: Com base em FERREIRA, Graça Maria Lemos. *Atlas geográfico espaço mundial*. São Paulo: Moderna, 2010.

Autoritarismo político e direitos humanos

Na China, a abertura econômica não foi acompanhada da abertura política. O poder continuou centralizado nas mãos dos dirigentes do Partido Comunista. Os opositores ao regime são reprimidos e os meios de comunicação são censurados. Em 1989, uma manifestação de estudantes favoráveis à democracia foi violentamente reprimida em Pequim, deixando centenas de mortos. O episódio ficou conhecido como o massacre da Praça da Paz Celestial. A China é o país com maior número de internautas no mundo e o governo censura a Internet. Em 2010, o Google cancelou suas operações na China após a invasão por *hackers* chineses.

Diversidade étnica

Os chineses "autênticos" pertencem à etnia han que perfaz 93% da população. Os 7% restantes pertencem a 55 grupos étnicos. Os principais são: tibetanos, mongóis, coreanos e uigures.

Os movimentos separatistas são bastante reprimidos pelo governo chinês. A região do Tibete, cuja população é budista, foi anexada pela China em 1958 e é a principal área de contestação ao domínio chinês. O líder tibetano Dalai Lama está no exílio e luta pela autonomia de sua nação.

O governo chinês reprime brutalmente qualquer rebelião com teor separatista vinda de alguma minoria étnica. Manifestações de monges tibetanos foram reprimidas pelo governo em 2008.

Em 2009, aconteceram graves conflitos entre chineses han e a minoria uigur (muçulmanos) em Xinjiang. Para enfraquecer as minorias étnicas, o governo da China estimula as migrações de chineses han para o Tibete e o Xinjiang.

Controle da natalidade

Para conter o crescimento populacional o governo investiu nos setores sociais como saúde e educação, além de adotar a polêmica política de um filho por casal. Assim, a taxa de crescimento demográfico caiu para 0,6% ao ano. Os casais que possuem mais de um filho sofrem represálias.

A política do filho único somada ao preconceito contra as mulheres está gerando um problema demográfico gravíssimo. Os casais preferem ter meninos, fazendo com que já aconteça uma enorme desproporção entre meninos e meninas no país. Agora, o governo chinês está tomando medidas para valorizar o papel das mulheres na sociedade.

O futuro de Taiwan

Desde a década de 1950, as divergências têm marcado as relações entre a China continental e Taiwan. Na prática, especialmente no ponto de vista econômico, Taiwan funciona como um país independente. Porém, do ponto de vista político existem limitações, pois o país não é aceito na ONU e não é reconhecido pela maior parte dos países, devido às pressões da China.

A China socialista não admite a "independência política" de Taiwan. Considera-a uma "província rebelde" e pressiona por uma reunificação no futuro. A China ameaça Taiwan, inclusive com uma intervenção militar caso os governantes da ilha façam uma "declaração formal de independência". Parte da população e dos políticos taiwaneses rejeita a fusão com a China continental, pois Taiwan é uma democracia.

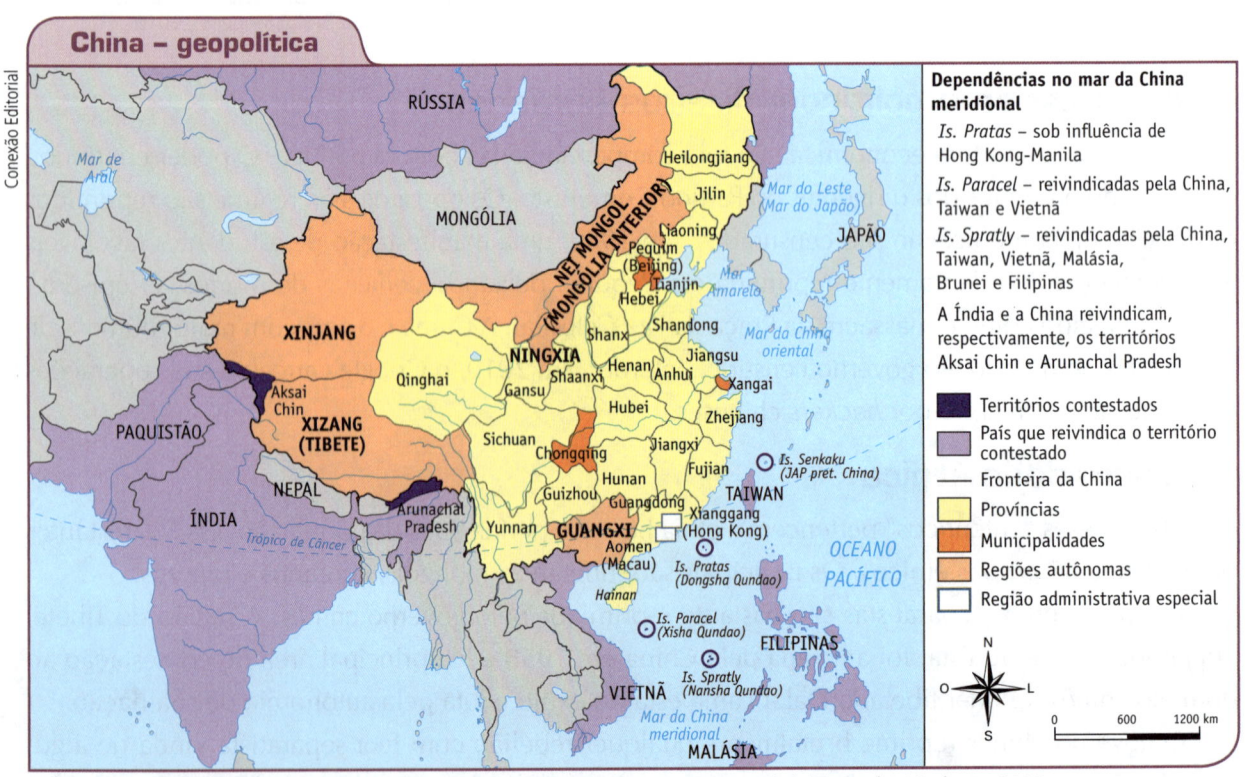

Fonte: Com base em FERREIRA, Graça Maria Lemos. *Atlas geográfico espaço mundial*. São Paulo: Moderna, 2010.

> **Você sabia?**
>
> ### Vietnã: a clonagem da China
>
> Entre os demais países do leste e do sudeste asiáticos, destaca-se o Vietnã. Na década de 1960, o país estava dividido entre norte socialista e sul capitalista. Os Estados Unidos invadiram o país para frear o avanço dos socialistas para o sul, iniciando a sangrenta Guerra do Vietnã. A libertação veio em 1975 com a derrota dos Estados Unidos. A partir de então, aconteceu a unificação do norte com o sul e o Vietnã tornou-se uma nação socialista tendo como líder Ho Chi Minh. Nos últimos anos, seguindo o caminho da China, o Vietnã está incentivando a entrada de multinacionais capitalistas. A reaproximação com os Estados Unidos estimulou a entrada de investimentos norte-americanos. O país tornou-se um grande exportador de tecidos e confecções.

ATIVIDADES

1 Cite três características da China.

2 Por que a China é considerada a principal potência econômica emergente da atualidade?

3 Existe democracia política na China?

4 Qual é o principal problema causado pela política do "filho único" na China?

173

5 O Tibete é uma nação independente?

_____
_____

6 Qual é a política chinesa em relação a Taiwan?

_____
_____
_____
_____

7 Por que o Vietnã está seguindo o exemplo chinês?

_____
_____

8 Produza um texto a partir da interpretação do mapa a seguir.

China – indústria

- ○ Centro industrial
- • Cidade aberta ao capital estrangeiro
- ▫ Zona econômica especial (ZEE)
- ■ Área de difusão industrial
- ― Grandes eixos de comunicação (rodovias e ferrovias)
- ― Rio navegável e grande canal
- ↘↗ Tráfego marítimo (de 260 a 400 milhões de toneladas)
- ↘↗ Tráfego marítimo (de 150 a 230 milhões de toneladas)

Fonte: Com base em FERREIRA, Graça Maria Lemos. *Atlas geográfico espaço mundial.* São Paulo: Moderna, 2010.

9 Quais são os principais recursos minerais produzidos na China?

_____

China – minérios e energia

- ⚡ Hidrelétrica
- ⚡ Três Gargantas
- ▬ Ferro
- ▪ Estanho
- 🛒 Carvão
- 🛢 Petróleo

Fonte: Com base em FERREIRA, Graça Maria Lemos. *Atlas geográfico espaço mundial*. São Paulo: Moderna, 2010.

10 Quais são os principais produtos agrícolas chineses?

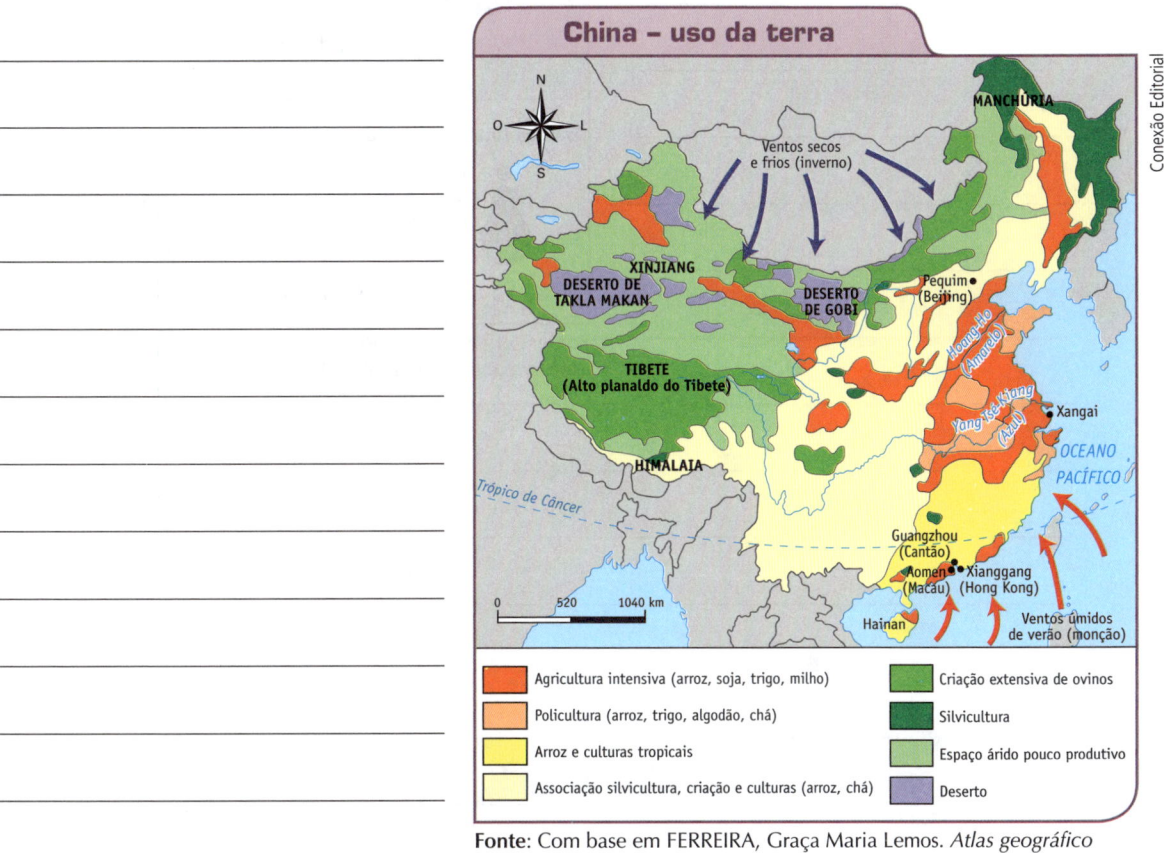

_____

China – uso da terra

- Agricultura intensiva (arroz, soja, trigo, milho)
- Policultura (arroz, trigo, algodão, chá)
- Arroz e culturas tropicais
- Associação silvicultura, criação e culturas (arroz, chá)
- Criação extensiva de ovinos
- Silvicultura
- Espaço árido pouco produtivo
- Deserto

Fonte: Com base em FERREIRA, Graça Maria Lemos. *Atlas geográfico espaço mundial*. São Paulo: Moderna, 2010.

175

11 A partir da análise do mapa a seguir, explique a importância dos portos na economia da China, Japão e Tigres Asiáticos.

China, Japão e Tigres Asiáticos – portos

Tráfego total (milhões de toneladas)
- de 15 a 50
- de 51 a 100
- de 101 a 200
- de 201 a 400

----- Principais rotas marítimas

Tráfego de contêineres (mil EVP)
- de 10 001 a 25 000
- de 5 001 a 10 000
- de 2 500 a 5 000
- menos de 2 500

Fonte: Com base em FERREIRA, Graça Maria Lemos. *Atlas geográfico espaço mundial*. São Paulo: Moderna, 2010.

12. A partir da análise do mapa a seguir, é possível afirmar que o desenvolvimento da China é homogêneo na sociedade e no território? Justifique.

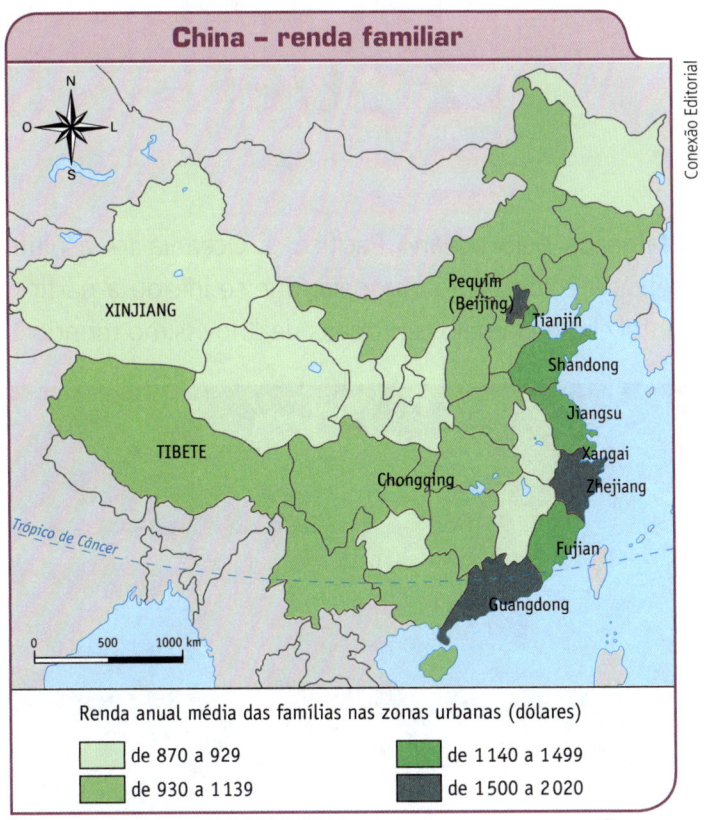

China – renda familiar

Renda anual média das famílias nas zonas urbanas (dólares)
- de 870 a 929
- de 930 a 1139
- de 1140 a 1499
- de 1500 a 2020

Fonte: Com base em FERREIRA, Graça Maria Lemos. *Atlas geográfico espaço mundial*. São Paulo: Moderna, 2010.

Capítulo 8
Oceania: Austrália, Nova Zelândia e pequenas ilhas

Margeada pelo oceano Pacífico, a Oceania foi a última porção do mundo submetida à colonização europeia, que se iniciou a partir do século XVIII. Desse modo, foi chamada pelos europeus de "novíssimo mundo".

Sydney, maior metrópole e centro financeiro da Austrália.

Oceania

É o menor dos continentes, apresentando dois países ricos, a Austrália e a Nova Zelândia. Os demais países são pobres. O maior deles é Papua Nova Guiné. Os outros estão distribuídos em três grandes conjuntos de ilhas: Melanésia, Micronésia e Polinésia. Observe o mapa a seguir.

Vamos desvendar as características físicas, ambientais, sociais, econômicas e políticas básicas dos países da Oceania, com destaque para a Austrália e a Nova Zelândia.

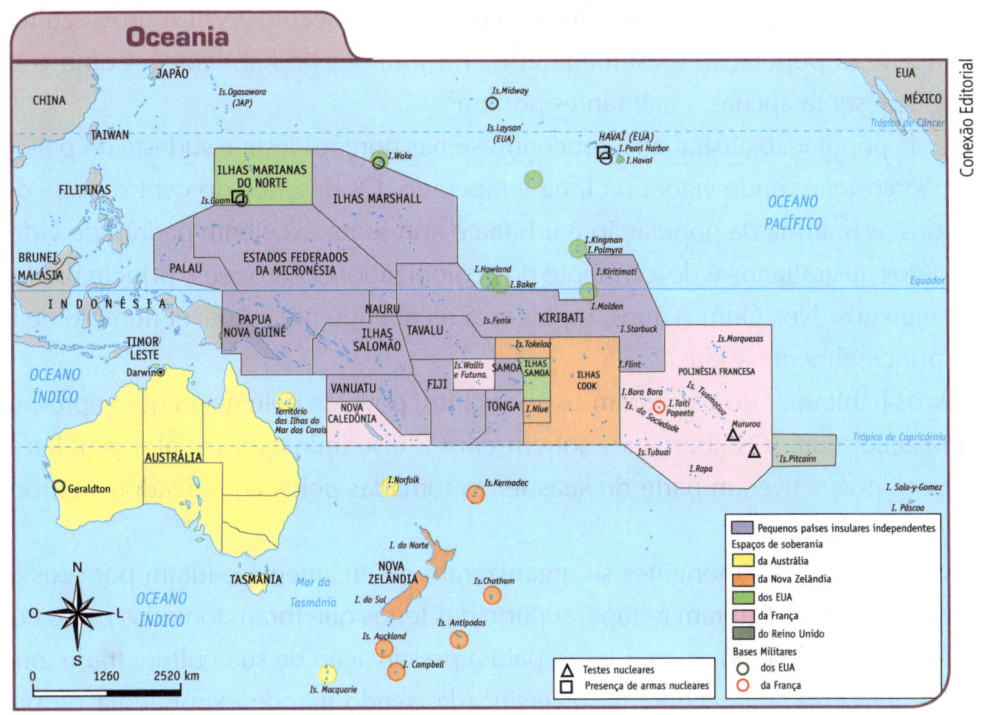

Fonte: Com base em FERREIRA, Graça Maria Lemos. *Atlas geográfico espaço mundial*. São Paulo: Moderna, 2010.

Austrália

A Austrália é o gigante da Oceania, trata-se do 6º maior país do mundo em extensão territorial, com 7,6 milhões de km². Nesse imenso território predominam relevos com baixa altitude muito desgastados pela erosão.

As cadeias montanhosas são pouco elevadas, não ultrapassando 2 500 m de altitude. A maior é a Cadeia Montanhosa Australiana, disposta a leste, junto ao oceano Pacífico. Nessa cadeia montanhosa nascem os importantes rios Darling e Murray, que se dirigem para o interior da Austrália. As porções central e oeste do país são dominadas por baixos planaltos e depressões.

Cerca de 60% da Austrália é dominada por climas semiáridos e áridos com baixos

Parque Nacional de Uluru no oeste da Austrália. Destaca-se uma forma de relevo peculiar esculpida pela erosão eólica.

índices pluviométricos. A Cadeia Montanhosa Australiana, a leste, dificulta a penetração da umidade, contribuindo para a aridez. O Grande Deserto Australiano domina o centro-oeste, sendo subdividido em unidades menores: Deserto Arenoso, Deserto de Vitória, Deserto de Simpson e Deserto de Gibson.

Já no extremo norte, o clima é tropical, com presença de florestas e savanas. O sudeste australiano é temperado com a ocorrência de matas com numerosos eucaliptos e coníferas. O eucalipto é uma árvore de origem australiana e, hoje, sua madeira é utilizada em diversas partes do mundo a partir de florestas plantadas (silvicultura).

A colonização da Austrália pelos britânicos começou no século XVIII e prosseguiu no século XIX. Na atualidade, a população é estimada em 21,5 milhões de habitantes. Como o território é imenso, o país apresenta apenas 3 habitantes por km².

A maioria da população australiana concentra-se nas porções leste e sudeste do país, principalmente na região costeira, onde vigora o clima temperado. Os desertos do centro-oeste do país são pouco habitados. A maioria da população é urbana e apresenta excelente padrão de vida.

A maioria dos australianos é descendente dos colonizadores europeus, principalmente britânicos, italianos e gregos. Nos últimos anos, o país está recebendo um razoável número de imigrantes estrangeiros, principalmente asiáticos.

Os primeiros habitantes do país foram os aborígines, povo de pele negra que representa apenas 1,5% da população atual. Os aborígines sofrem com a discriminação racial e problemas socioeconômicos. Esses povos tiveram parte de suas terras tomadas pelos colonizadores europeus e são marginalizados socialmente.

Nas últimas décadas, os aborígines se organizaram politicamente e lutam por seus direitos na justiça. Muitos grupos conseguiram recuperar parte das terras que foram tomadas pelos colonizadores europeus, garantindo melhores condições para a preservação de sua cultura tradicional.

A Austrália apresenta uma economia diversificada, sendo grande exportadora de produtos do agronegócio e recursos minerais. A agropecuária apresenta alta produtividade. A prática da irrigação tem feito avançar os cultivos em algumas regiões semiáridas. O país é importante exportador de trigo, carne bovina e vinho. Também apresenta o maior rebanho de ovinos do planeta, com 163 milhões de cabeças, sendo líder mundial na produção de lã.

A Austrália pode ser considerada uma potência na exploração mineral. O país exporta ferro, alumínio (bauxita), carvão mineral, zinco, manganês, cobre, prata, ouro e urânio. Entretanto, a produção local de petróleo supre apenas metade das necessidades nacionais.

As atividades industriais concentram-se no sudeste, especialmente nas regiões de Sidnei, Melbourne e Adelaide. Os setores mais importantes são: siderurgia (aço), automóveis, maquinário e metalurgia de alumínio, zinco, cobre e chumbo.

Do ponto de vista comercial, os interesses australianos e dos demais países da Oceania estão cada vez mais voltados para os países asiáticos como China, Japão e Tigres Asiáticos. Os países asiáticos são grandes compradores de produtos primários da Austrália e Nova Zelândia.

Os aborígines vivem na Austrália há cerca de quarenta mil anos e lutam para conservar a sua riquíssima e peculiar cultura.

Também acontece um crescimento das relações comerciais com o Brasil. Os australianos importam do Brasil: café, tabaco, sucos, papel e máquinas. A Austrália exporta para os brasileiros: carvão, níquel, veículos, instrumentos de medida, produtos químicos e medicamentos.

Nova Zelândia

A Nova Zelândia é formada por duas grandes ilhas, a do Norte e a do Sul. A maioria das planícies neozelandesas concentra-se na porção costeira. A porção central das ilhas é dominada por cadeias montanhosas onde se encontram diversos vulcões. O clima é temperado e úmido, permitindo a ocorrência de extensas florestas bem conservadas.

A Nova Zelândia foi colonizada pelos europeus a partir do século XVIII. A maioria dos 4,3 milhões de habitantes é descendente dos colonizadores europeus. Porém, os habitantes originais são os maoris.

Durante a colonização, os maoris perderam parte de suas terras para os imigrantes europeus. Muitos foram exterminados e marginalizados.

A população maori, que era estimada em 800 mil, foi reduzida para cerca de 300 mil. Os maoris organizaram-se politicamente na luta pela posse de uma fração das terras que foram tomadas pelos colonizadores.

A economia neozelandesa é diversificada. Os produtos agrícolas e pecuários são responsáveis pela maior parte das exportações. Destaca-se o cultivo de cereais como trigo, cevada e aveia. O rebanho ovino é um dos maiores do mundo, com 70 milhões de cabeças. A Nova Zelândia apresenta uma expressiva indústria alimentícia, com destaque para o setor de laticínios. Os principais centros urbanos e industriais são Auckland e Wellington, a capital.

Maori em manifestação folclórica na Nova Zelândia. Para o povo maori, de origem polinésia, o nome do país é "Altearoa", cujo significado é "a terra da longa nuvem branca".

Papua Nova Guiné e países do Pacífico

Os demais países independentes da Oceania sofrem grande influência econômica e geopolítica dos Estados Unidos, França e Austrália. Entre os demais países independentes da Oceania, destaca-se Papua Nova Guiné, que ocupa a parte leste da Ilha de Nova Guiné. A economia papua é baseada na agricultura (café e cacau) e exploração de recursos minerais como cobre, ouro e petróleo.

No Pacífico existem diversos pequenos países insulares independentes: Ilhas Salomão, Vanuatu, Tuvalu, Micronésia, Palau, Nauru, Kiribati, Ilhas Marshall, Fiji, Samoa e Tonga. Alguns apresentam problemas étnicos. Em Fiji, ocorrem conflitos entre os nativos polinésios e os descendentes de indianos que migraram para a ilha no período da colonização inglesa. Os indianos controlam grande parte da economia, especialmente o comércio e a indústria ligada ao cultivo de cana-de-açúcar. Os fijianos nativos controlam a propriedade da maior parte das terras e são detentores do poder político.

Uma das principais preocupações dos pequenos países do Pacífico é o aquecimento global, visto que o derretimento das calotas polares está causando a elevação do nível do mar. Assim, muitos países com baixa altitude podem perder grande parte de seus territórios.

As Ilhas Palau são um pequeno país insular na Oceania. A beleza das ilhas atrai turistas do mundo todo.

As demais ilhas são possessões estrangeiras. Os Estados Unidos controlam territórios como Guam, Marianas do Norte, Samoa Americana e Havaí (Estado federado) e mantêm bases militares estratégicas.

A França controla a Polinésia Francesa, onde se encontra o Taiti e a Nova Caledônia. A atuação geopolítica francesa é polêmica devido à realização de testes nucleares na Polinésia no final da década de 1990. Além disso, a França dificulta o movimento pela independência da Nova Caledônia, ilha situada nas proximidades da Austrália.

Destaques econômicos dos países insulares do Pacífico		
País	Capital	Destaques econômicos
Ilhas Salomão	Honiara	Agricultura de subsistência, exploração de madeira e atividade pesqueira.
Vanuatu	Porto-vila	Turismo, serviços financeiros (paraíso fiscal) e agricultura (café, cacau e coco).
Tuvalu	Fongafale	Agricultura de subsistência, copra, pesca e ajuda financeira externa. O país concedeu em 2000 o direito de uso de seu domínio na internet ".tv" para uma empresa dos Estados Unidos, recebendo milhões de dólares em *royalties* por dez anos.
Micronésia	Palikir	Turismo, pesca e ajuda financeira dos Estados Unidos.
Nauru	Yaren (administrativa)	Exploração de fosfato (quase esgotadas) e centro financeiro (paraíso fiscal).
Palau	Koror	Agricultura de subsistência, exploração de coco, turismo e ajuda financeira dos Estados Unidos.
Ilhas Marshall	Dalap-Uliga-Darrit	Coco, pesca de atum, concessão de uso de sua bandeira por navios comerciais e ajuda financeira dos Estados Unidos.
Kiribati	Bairiki	Coco, pesca e turismo.
Fiji	Suva	Cana-de-açúcar, coco, gengibre e turismo.
Tonga	Nukualofa	Turismo, pesca e agricultura (abóbora, coco e baunilha).
Samoa	Ápia	Turismo, serviços financeiros e agricultura (inhame e coco).

Fonte: U.S. Census Bureau, Internacional Data Base

ATIVIDADES

1 Cite algumas das principais atividades econômicas da Austrália.

_____
_____
_____
_____
_____
_____
_____

2 Quais são os problemas enfrentados pelos povos nativos da Austrália (aborígines) e Nova Zelândia (maoris)?

_____
_____
_____
_____
_____
_____
_____
_____
_____

3 Liste duas atividades econômicas dos pequenos países localizados no Oceano Pacífico.

_____
_____
_____
_____
_____

4) Observe o gráfico e assinale a alternativa correta em relação a Austrália:

Austrália – Participação na produção mundial

Fonte: Com base em FERREIRA, Graça Maria Lemos. *Atlas geográfico espaço mundial*. São Paulo: Moderna, 2010.

a) é grande produtora de bauxita e lã. ( )

b) as suas maiores produções são de trigo e açúcar. ( )

c) as menores produções são de bauxita e lã. ( )

d) todas as anteriores. ( )

5) Observe o mapa a seguir e coloque verdadeiro (V) ou falso (F) nas afirmações abaixo.

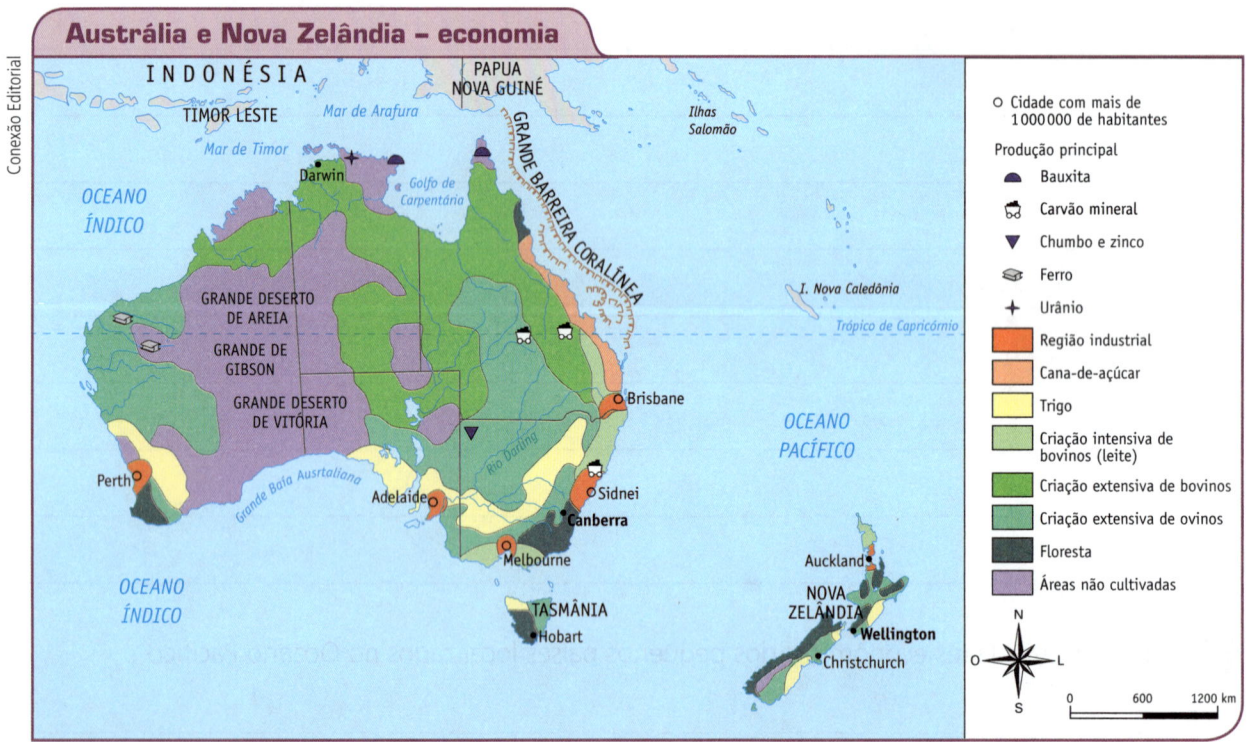

Austrália e Nova Zelândia – economia

Fonte: Com base em FERREIRA, Graça Maria Lemos. *Atlas geográfico espaço mundial*. São Paulo: Moderna, 2010.

a) O trigo é plantado na Austrália e Nova Zelândia. ( )

b) Há grande criação de ovinos somente na Nova Zelândia. ( )

c) Na Nova Zelândia há importantes regiões industriais. ( )

d) Na Austrália é significativa a plantação de cana-de-açúcar. ( )